KERAREATION

HIROFUMI KERA
[SHISEIDO]

JOSEI MODE

KER AREA TION

HIROFUMI KERA
[SHISEIDO]

JOSEI MODE

はじめに

本書の主題は「クリエイション」です。「クリエイション」と聞くと、リアリティのない突飛なデザインをつくることと感じる人がいるかもしれません。しかし僕は、ヘアとメイクをデザインすること、つまりサロンワークも作品撮影も、リアルな表現から非現実的な表現まで、ヘアとメイクで行なう表現のすべてが「クリエイション」だと考えています。

ヘアスタイルとは刹那的なものです。絵画や彫刻と違い、技術者がつくったままのかたちを「残す」ことができません。「クリエイション」の1つであり、本書で深く掘り下げる「作品撮影」は、そうしたヘアデザインをかたちに残すことができ、多くの人に「評価」してもらうことを可能にします。フォトコンテストはまさにそれに該当するもの。これに対して懐疑的な意見もありますが、表現をかたちにし、評価されることは、技術力やデザイン力における、自分自身の現在地を教えてくれます。今の自分の表現が、どんなふうに受け取られるのか。これを知り、自身にフィードバックすることが、あらゆる面でのスキルアップにつながることは間違いありません。また、そうやってスキルを高めることが、お客さまに、さらには所属するサロンや企業にフィードバックされる。これが「クリエイション」の大きな意味です。

自分を高め、ブランディングし、お客さまをより美しくしていくこと。そこにはさまざまな力が必要になります。基本的な美容技術はもちろん、イメージを共有し、かたちにする。ディテールにこだわり、質を高め、ニーズに応えていく。そのすべてが我々にとっての「クリエイション」です。この本が、皆さんにとって、ヘアをデザインするあらゆる場面において求められる、「表現力」を高める一助になれば幸いです。

計良宏文

CONTENTS

- 2 はじめに

- 8 **CHAPTER 1**
  ## クリエイションのための思考

- 10 誰に向けてつくるのか？
- 12 VISUAL SAMPLE 1　美容師・美容業界向け／個人的な作品撮影／デザインとイメージ表現の訴求
- 14 VISUAL SAMPLE 2　美容師向け／美容専門誌の作品撮影／デザイン的な美しさの訴求
- 16 VISUAL SAMPLE 3　一般市場向け／一般商品広告の撮影／ブランドイメージの訴求
- 18 VISUAL SAMPLE 4　美容業界向け／プロ用商品の広告撮影／ブランドイメージ・効果の訴求
- 20 VISUAL SAMPLE 5　美容業界向け／企業広告の撮影／企業ブランドのイメージ訴求

- 22 クリエイションに必要な 思考・行動のプロセス
- 24 クリエイションの思考・行動プロセス CASE 1 モデルが決まっている場合
- 26 クリエイションの思考・行動プロセス CASE 2 つくりたいデザインが明確な場合
- 28 クリエイションの思考・行動プロセス CASE 3 コスチュームが決まっている場合
- 30 クリエイションの思考・行動プロセス CASE 4 明確なテーマがある場合
- 32 クリエイションの思考・行動プロセス 実例解説 SAMPLE 1
- 34 クリエイションの思考・行動プロセス 実例解説 SAMPLE 2

- 36 **CHAPTER 2**
  ## デザイン表現を進化させるために

- 38 ヘアデザインをつくる要素
- 39 ヘアデザインの「構成要素」
- 40 ヘアデザインの構成要素 1 線
- 44 ヘアデザインの構成要素 2 かたち
- 48 ヘアデザインの構成要素 3 質感
- 52 ヘアデザインの構成要素 4 素材

- 56 古典的造形の再認識
- 57 代表的な「古典的造形」
- 58 CLASSICAL DESIGN 1　シニヨン ネープシニヨン × パピヨン
- 60 CLASSICAL DESIGN 2　ロール クラシカルなワンロール
- 62 CLASSICAL DESIGN 3　夜会巻き クチュール夜会
- 64 CLASSICAL DESIGN 4　ポンパドール ハーフアップ風のポンパドール
- 66 CLASSICAL DESIGN 5　リーゼント シンプルなリーゼントスタイル
- 68 CLASSICAL DESIGN 6　ページボーイ ミディアムのページボーイスタイル
- 70 CLASSICAL DESIGN／OTHERS 応用範囲の広いクラシカルデザイン

- 74 **CHAPTER 3**
  ## バランスの美学

- 76 バランスの構成要素と性質
- 78 「バランス」とは何か？
- 80 さまざまなコントラストとハーモニー
- 82 顔と髪のバランス〜インナーラインとアウターライン
- 86 イメージのバランスを高める〜ベストマッチング理論

- 90 バランスの正解と不正解
- 92 検証1 ヘアデザインのバランス
- 94 検証2 ヘアデザインとメイクアップのバランス
- 96 検証3 ヘア&メイク＋コスチュームのバランス①
- 98 検証4 ヘア&メイク＋コスチュームのバランス②

- 100 「崩し」という方法論
- 102 検証 基点となる「王道のデザイン」
- 104 検証 王道を基点とした「崩し」のデザイン
- 106 「崩し」のテクニック的なアプローチ方法

- 108 **CHAPTER 4**
  ## クリエイションのベーススキル

- 110 「地毛」を生かすクリエイション
- 112 DESIGN SAMPLE 1　BOB × SET
- 113 DESIGN SAMPLE 2　LONG × UP
- 114 地毛を扱うテクニック

118	「フルウイッグ」を活用するクリエイション	175	THEME 2　Primitive
120	フルウイッグをフィットさせる方法	176	PRIMITIVE × HEALTHY
		177	PRIMITIVE × EGYPTIAN
126	イメージの「ソース」を掘り下げる	178	PRIMITIVE × AFRICAN
128	TREND ARCHIVE　1950年代のヘア&メイク	179	PRIMITIVE × ETHNIC
129	TREND ARCHIVE　1960年代のヘア&メイク	180	"Primitive"の解釈と落とし込み
130	TREND ARCHIVE　1970年代のヘア&メイク		
131	TREND ARCHIVE　1980年代のヘア&メイク	181	THEME 3　Classic
132	TREND ARCHIVE　1990年代のヘア&メイク	182	CLASSIC × BOURGEOISIE
133	TREND ARCHIVE　2000年代のヘア&メイク	183	CLASSIC × ART DECO
134	TREND ARCHIVE　2010年代のヘア&メイク	184	CLASSIC × GOTHIC
135	TREND ARCHIVE OTHERS／中世〜近世のヘア&メイク	185	CLASSIC × RETRO
		186	"Classic"の解釈と落とし込み

136　CHAPTER 5
オリジナリティの発現法

138	自分自身を理解する	187	THEME 4　Rock
140	オリジナリティを見出すために STEP 1 原風景を知る	188	ROCK × PUNK
144	オリジナリティを見出すために STEP 2 今の自分を知る	189	ROCK × ROCKABILLY
		190	ROCK × MOD'S
150	新しいデザインを探す	191	ROCK × GLAM
152	古典的造形の再構築	192	"Rock"の解釈と落とし込み
156	DESIGN SAMPLE 1　夜会巻き × ポンパドール		
158	DESIGN SAMPLE 2　シニヨン × フィンガーウエーブ	193	THEME 5　Kawaii
160	DESIGN SAMPLE 3　編み込み × ロール	194	KAWAII × POP
		195	KAWAII × MARCHEN

162　CHAPTER 6
伝える仕事、伝わる仕事

164	作品制作から撮影まで〜クリエイションの流れ	196	KAWAII × SUBCULTURE
166	設定したテーマを深め、解釈を広げる	197	KAWAII × SURREALISM
		198	"Kawaii"の解釈と落とし込み
169	THEME 1　Japonism		
170	JAPONISM × WABISABI	206	COSUTUME CREDIT
171	JAPONISM × SAMURAI	207	COSTUME / BLAND LIST
172	JAPONISM × YUUGEN	208	PHOTO CREDIT
173	JAPONISM × ORIENTAL	209	出典　撮影協力
174	"Japonism"の解釈と落とし込み	210	おわりに
		212	著者プロフィール／STAFF

CHAPTER 1

クリエイションのための思考

美容師にとってのクリエイションとは?
何のために「作品」をつくり、また何を「伝える」ためにつくるのか……。
ますは美容師にとっての「クリエイション」とは何か、
それにまつわる意識と思考について考えていきます。

誰に向けてつくるのか?

ヘアをデザインし、作品をつくる、また作品を撮影し、写真に落とし込む……。
こうしたクリエイションの前提であり核となるのが、誰に向けてつくるのか、ということ。
それは「お客さまへのヘアスタイル発信」と同様、ターゲットの設定が必要です。

「伝える」ための大前提

「クリエイション」には多種多様な「目的」が存在する。さまざまなフォトコンテスト、お客さまにサロンの方向性を知ってもらうためのイメージビジュアルや、提供したいデザインを整理したヘアカタログの撮影、ヘアデザインの研究と実践、雑誌や広告の撮影……。もちろん自身のスキルを可視化することのみを目的とし、他者に見せることを前提としないクリエイションもあるが、多くの場合、自身のクリエイティビティやテクニックを発信することが、そのクリエイションの目的の一部に含まれるといえるだろう。そう順序立てて考えていくと、クリエイションには「ターゲット＝伝える対象」と「テーマ＝作品の目的」の設定が必要だといえる。次のページからは、このターゲットやテーマと、つくるデザインとの関係性を精査。まずは著者が過去に手がけた作品を通し、著者自身のことばでクリエイションの裏側と、その詳細を紹介していく。

VISUAL SAMPLE 1
美容師・美容業界向け／個人的な作品撮影／デザインとイメージ表現の訴求

最初に解説する作品は、美容業界をターゲットにしたビジュアル。
そのターゲットはもちろん、ねらいやデザイン設計の裏側を明かします。

テーマをぶらさず訴求力を高める

このビジュアルは個人的に撮影した作品です（2011年撮影）。ターゲットは美容業界で活動する方々。だからこそ、ヘアデザインをしっかり見せることが前提となっています。リアリティはあまり意識せず、ヘアデザインの楽しさや、デザイン表現の可能性の追求に重点を置きました。

デザイン的なテーマは「帽子」。また、帽子デザイナーのスティーブン・ジョーンズ氏の作品が裏テーマです。同氏の作品には、「ヘアスタイルはいらない」といわれるほど斬新で、美しいものが数多くあります。そうした彼に対するオマージュと、「ヘアデザインでもこんな表現ができる」というメッセージを込めました。

帽子をテーマにしましたが、「髪で帽子の造形をなぞる」とは考えませんでした。先述したターゲット（一般の人は対象外）に、ヘアデザインの可能性を感じてもらうためには、やはり「ヘアスタイルとして成立させる」ことがマスト。そこで最も注意したのが髪色です。この作品は、地毛とつけ毛で構成しており、両者の色や質感をそろえることで、ハーモニーを出しています。そしてジョーンズ氏の作風を意識し、斬新なデザインを志向しつつ、ヘアとモデルのフィット感を高め、ヘアデザインとして成立させています。

イメージ的なねらいは、エレガンスを前面に出すこと。もちろんジョーンズ氏へのオマージュもありますし、そもそも帽子はお出かけやパーティなどにも使う装飾物。そういったシーンを想定すると、エレガンスの表現は欠かせません。この方向性を際立たせるため、フォトグラファーにはドラマチックな光や画づくりをリクエストしています。

コスチュームに関しては、ヘアデザインにマッチする、クラシカルで女性的なものをスタイリストにリクエストしました。具体的には雑誌の『VOGUE』、1990年代のスーパーモデル時代の空気を感じさせる、ワントーンのコスチューム。最終的に、衣装のカラーは白に決め、なおかつ肌をパウダーで白っぽく仕上げてヘアの質感と調和を図るなど、メイクもクラシカルにしています。

こうして、ヘアデザインを軸に女性像を組み立て、写真表現を含むあらゆる要素の方向性にエレガンスという一貫性を持たせ、1つの作品にしています。（計良）

VISUAL SAMPLE 2

美容師向け／美容専門誌の作品撮影／デザイン的な美しさの訴求

次は美容業界誌の誌面を飾った作品を解説。
あらかじめテーマが設定されているクリエイションを、著者はどう組み立てたのでしょうか。

与えられたテーマの中で自分を出す

この作品は、月刊『HAIR MODE』誌上の「造形美」という、1年ごとに担当が交代するリレー式連載企画（著者は2011年6月号〜2012年5月号を担当）で制作した作品中の1点です。全12回にわたって造形美、つまり「かたちの美しさ」を徹底して訴求するというマニアックな企画の撮影でした。

こうしたクリエイションの場合、作品のターゲットは「掲載誌の読者」になり、この場合は全国の美容師です。企画の大テーマが「造形美」なので、全12回のすべてで「かたちの美しさにこだわり、かたちだけで美しさを表現する」ことを念頭に置き、連載の開始前に各回の個別テーマを設定しました。なお、こうした雑誌の撮影では、ほとんどの場合、柱となるテーマがあらかじめ定められています。そのテーマが持つ意味の範囲内で、いかに面白い表現をするかが最重要課題。またそこから逸脱しないよう、ぎりぎりまで攻めて表現することが醍醐味だといえます。

ここでピックアップした作品の個別テーマは「リズム」。リズムとは、ヘアデザインの造形や印象を左右する、大切な要素です。先にこのテーマワードを決め、具体的にどんな造形を構築しようかと思いを巡らせました。

リズムとは規則性のある強弱。リズムのないヘアデザインは、単調になってしまう可能性があります。この強弱を、どこにどう入れていくか。ウエーブ感やカットラインなども候補にしましたが、最終的にシルエットの外郭線上に落とし込みました。

フロントは小さく、トップは大きく、衿足は小さくし、フォルムにメリハリ、つまり強弱をつけています。このフォルムとシルエットの設計で、「造形美」と「リズム」を表現し、さらにディテールで「リズム」を際立たせました。写真表現に関しては、かたちの美しさをしっかり見せられると判断できたことと、連載開始時の担当者（僕が2番目）へのオマージュという意味で、ライティングなどの方向性を踏襲。全12回のすべてで写真全体の色あいや雰囲気、画角などを揃えて撮影しています。

雑誌の撮影などテーマありきのクリエイションでは、テーマに対する理解を徹底して深めることが最も大事。何を求められているかを知り、それに応えながら、テーマの中でいかに自分を出して遊ぶか、です。（計良）

VISUAL SAMPLE 3
一般市場向け／一般商品広告の撮影／ブランドイメージの訴求

続いては、一般向け商品の広告ビジュアルをピックアップ。
個人的な撮影や雑誌の撮影と比較し、よりビジネスに直結するクリエイションの詳細を紹介。

共感を得るために必要な判断と主張

このビジュアルは『TSUBAKI』ブランドの広告（2012年）です。ターゲットは一般消費者。商品の対象は幅広く、おもに20〜50代の女性で、コアターゲットは20代の女性でした。

『TSUBAKI』は発売当時、一般向けシャンプーの中ではやや高価格帯で展開し、リッチ感を打ち出していました。当時のブランドのコピーは「You're Beautiful!」。「美しい自分に自信を持とう」という、応援メッセージ的な内容です。そうした方向性にフィットするビジュアル制作が求められたわけです。

広告とは独り歩きするもので、それを目にした人が、その商品やブランドについて自由にイメージします。そこで「これを使えばこうなれるんだ」、または「こんなふうになりたい」と憧れを持ってもらえることが大切。それをクリアするため、ブランドの高級感と商品としての親しみやすさが伝わるよう、関わるスタッフと協力してアイデアを練りました。ビジュアル制作の体制は、コンセプト設定のほか、すべての決定権を持つクリエイティブディレクターと、写真の構図の方向性やデザインを決めるアートディレクターがいて、そこにフォトグラファー、スタイリスト、ヘアメイクがアイデアを出し合い作戦を立てる、というかたち。時代の流れを読む力やセンスが問われますし、意見がぶつかり合うこともあります。「言われた通りにやる」わけではありません。今っぽいか、ブランドにふさわしいか、起用タレントとのバランスなど、多くの人が関わる中でさまざまなことを判断し、自分の意見を主張していきます。

僕が第一に考えたのは、髪のツヤ感、リッチな風合いや手ざわり感を前面に出すこと。また自分の髪を愛おしく感じ、自分の髪に満足感を抱いている雰囲気の中で、美しいモデルをより美しく見せられるような構成を提案していきました。

広告制作に関わるクリエイションは、それを目にする人はもちろん、ビジュアルづくりに携わる多くのスタッフといかに共感し合えるかが大切です。そして、モデルの美しさをどんな切り口で見せるか（メイクの広告だと、髪でこんなに顔が隠れていたら完全にNG）、さらにその「美しさ」を通して、商品やブランドの特徴をターゲットとする人々に共感してもらうことが第一優先になります。（計良）

VISUAL SAMPLE 4
美容業界向け／プロ用商品の広告撮影／ブランドイメージ・効果の訴求

次は美容室向け商品ブランドの広告ビジュアル。
構成要素を絞り込んだ、前ページとは全く異なるクリエイションについて解説。

効果を感じてもらうために手段を選ぶ

これは美容室向けヘアケアブランド『RENASCENT』の広告で、見る人に商品の「効果」を感じてもらうためのビジュアルです。『RENASCENT』の特徴は「素髪感」。人工的なツヤではなく、洗いざらしの素の髪が持つ自然なツヤと、その美しさ。これを伝えることが目的でした。

『RENASCENT』のターゲットは資生堂の特約サロン。つまりこのビジュアルを見るのは全国の美容師です。そうした髪のプロに向けて「髪の美しさ」を伝えるべく、モデル選定では髪のコンディションやレングスが長いことを徹底して重視しました。実際、このときはウイッグやつけ毛、エクステンションなどは一切使わず、地毛のみで撮影しています。撮影時の体制は、広告のデザインを決めるアートディレクター、フォトグラファー、そして僕の3名。「髪をどう見せればその美しさがより強調できるのか探ってほしい」というリクエストがアートディレクターからあって、僕とフォトグラファーでさまざまなテストを繰り返しました。いちばん大切にしたのは「自然なツヤ」と「素髪感」をしっかり表現すること。まずは僕から「髪がサラっと落ちているだけでは面白みに欠ける」「髪をグラフィカルに見せられたら面白い」「髪が美しく見えれば顔は見えなくてもいい」と提案して、モデルを寝かせて髪を広げたり、髪にさまざまな動きをつけて撮ったりと、いろいろなパターンを試しました。このビジュアルは、複数のテストを経て最終的に採用したアイデア。髪をコームでとかし、毛先でコームを止め、曲線的な毛流れをキープしたまま飾りのクシを挿して撮影しています。手法としては完全にアナログでした。

商品広告の撮影では、多くの場合「効果」を訴求することが目的になります。商品の特性をよく把握し、訴求したい効果を最大限に表現して、伝えたいことを写真に落とし込むのが第一。このときは「かたち」ではなく「質感」だったため、通常のヘアメイクとは違う難しさがありました。それとこうした「複数のアイデアを試す」場合は、撮影の順番に注意が必要です。撮影に使える時間と髪につける製品のことをふまえ、シャンプーの回数を最小限にとどめられるようにするなど、アイデアを整理し、効率的に進めることもポイントです。(計良)

UNTAME BEAUTY TOGETHER WITH BEAUTY CREATORS

VISUAL SAMPLE 5

美容業界向け／企業広告の撮影／企業ブランドのイメージ訴求

最後にピックアップするのは、資生堂プロフェッショナルのブランド広告。
ブランドという、大枠のイメージ訴求のための作品撮影について解説します。

テーマに対する解釈を深め、デザインに落とし込む

ブランドのイメージをかたちにするときは、まずはそのブランドを理解することが大前提になります。そしてテーマとなるのがそのブランドの活動方針やコンセプト。ここで取り上げるのは、美容師向けに各種プロダクツの開発、製造を行なう資生堂プロフェッショナルのブランド広告です。撮影時は「プロのヘアアーティストに向け、クリエイティビティあふれる作品に」というオーダーがありました。作品のテーマは2018年当時に打ち出していたブランドミッション「TOGETHER WITH BEAUTY CREATORS」と、そのビジョン「UNTAME BEAUTY」。そして僕にはサブビジョン「BEAUTY IS...」の具体化が求められました。なお、ヘアメイクはこちらに託されましたが、「美容師を多面的にサポート」することを表すため、背景に鏡を入れ、複数の角度から同時にヘアを見せるディレクションが入っています。

テーマを具体化するにあたり、僕は「BEAUTY IS...」を「未完成、不完全な美」と解釈しました。「完成された美」より「未完成な美」のほうが未来志向で発展的とも思えたので。最終的に、ヘアスタイル自体を「すごくきれいにつくられた」と感じさせるデザインにはしていません。ベースは地毛を使ったクラシカルでシンプルなアップスタイル。そこに「崩し」を加えてパラパラとたくさんのおくれ毛をつくっています。ターゲットとする美容師は、この乱れたように見える1本1本の髪を敏感にとらえ、そこにも「美しさ」を見出してくれるはず、と考えたのです。そしてメイクは素肌っぽさを出しつつ「ほの白く」仕上げてクラシカルなヘアと一体感を出し、そこに「崩し」の要素で面白さや新しさを加え、「未完成の美」という、テーマに対する自分の解釈をかたちにしました。

作品制作にあたって、見る人に「資生堂プロフェッショナルは、クリエイターとともに面白いことをやっていくブランド」と感じてもらえることを、常に強く意識していました。同じ広告の撮影でも、『TSUBAKI』や『RENASCENT』とはアプローチが全く異なります。目的が変われば考え方やデザイン、テクニックも変わります。このビジュアルでは、目にする人に刺激を与えながら、楽しい未来を想像してもらうこと。それが最大の目的でした。（計良）

クリエイションに必要な
思考・行動のプロセス

前ページまでで解説したように、ひとロにクリエイションといっても、作品の対象や目的によって、
考えるべき要素の優先順位が変わります。
ここからは、「決まっていること」によって変化する、
クリエイションにおける「思考・行動のプロセス」について整理していきます。

ここからは、作品として表現するというゴールは同じだが、起点のタイプが違うクリエイションを複数想定。実例も交え、「クリエイションの思考・行動プロセス」について考察していく。

考えるべきことを整理する

当然のことだが、クリエイションのプロセスはひと通りではない。雑誌や広告の撮影のように、あらかじめテーマが設定されていることもあれば、自分でテーマ設定から始める場合もある。また、ターゲットに伝えたいことは何か、さらにはモデルや衣装などの条件によっても、そのプロセスは大きく変わるといえるだろう。さまざまなクリエイションに向き合うとき、まずはこうした違いを理解しておくことが大切。その上で考えるべきこと、やるべきことの優先順位をイメージすることが、意図をぶらさず、ねらい通りのクリエイションを実現してくれる。

ここからは、作品として表現するというゴールは同じだが、起点のタイプが違うクリエイションを複数想定。実例も交え、「クリエイションの思考・行動プロセス」について考察していく。

クリエイションの思考・行動プロセス
CASE 1 モデルが決まっている場合

まずは「モデルありき」での作品撮影について、その思考・行動プロセスの要点を図式化。
何から考え、決めていくか、その工程に着目してください。

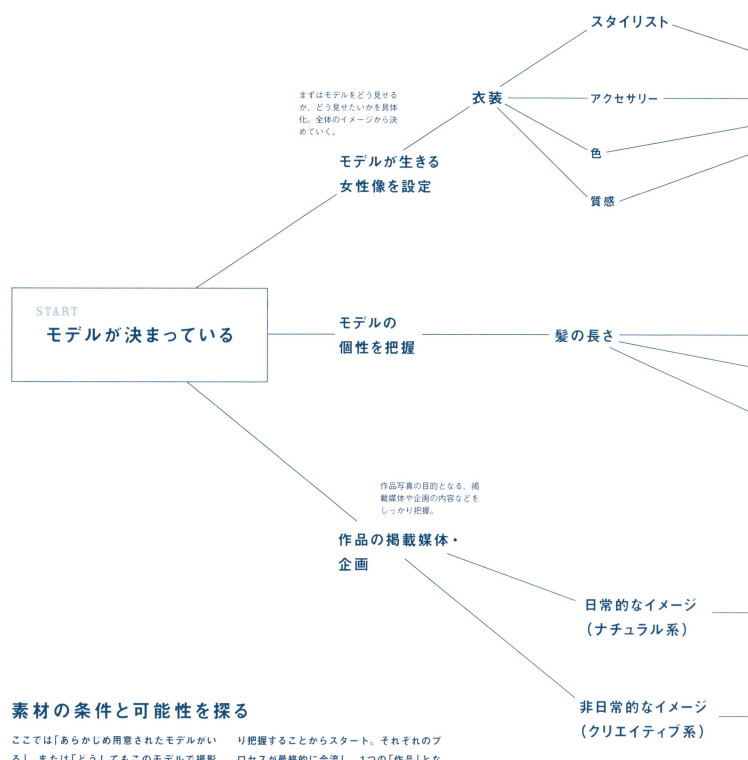

素材の条件と可能性を探る

ここでは「あらかじめ用意されたモデルがいる」、または「どうしてもこのモデルで撮影したい」というケースにおける、著者の思考・行動プロセスの要点を紹介。全体の流れとしては、「そのモデルをどう見せるか＝女性像の設定」、「モデルの特徴＝個性の把握」、「撮影の目的＝掲載媒体・企画」の3つをしっかり り把握することからスタート。それぞれのプロセスが最終的に合流し、1つの「作品」となる。なお、ヘアデザインはモデルの条件の範囲内で可能性を探り、別ルートで設定された女性像や見せ方、掲載媒体が求めるテイストなどとまとめ上げ、決定していくという流れになる。

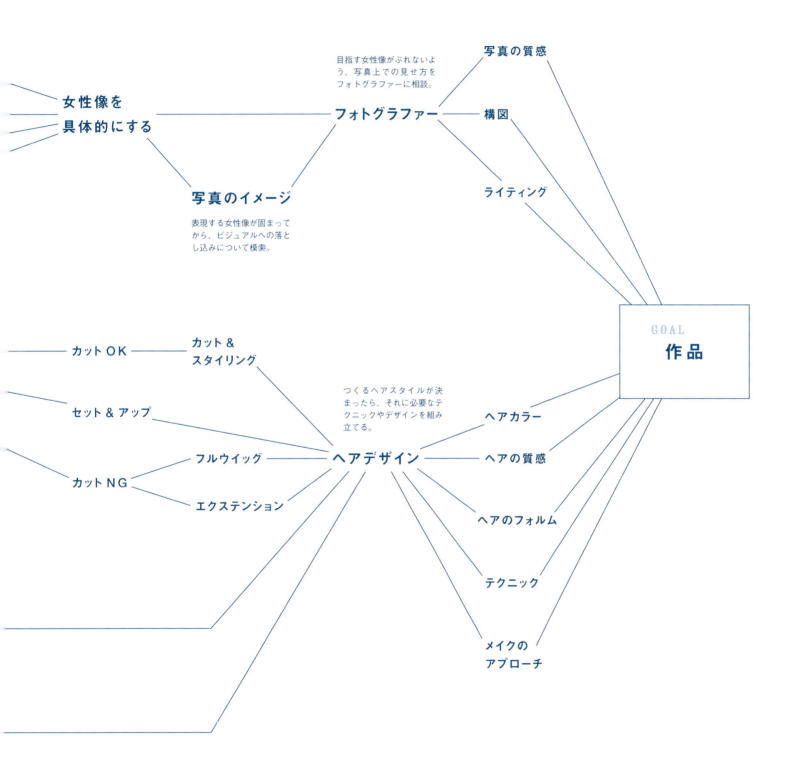

クリエイションの思考・行動プロセス
CASE 2 つくりたいデザインが明確な場合

次は「つくりたいヘアデザイン」が明確にあるクリエイションのケース。
自分のねらいをかたちにするために、必要なことは何かを考えてみてください。

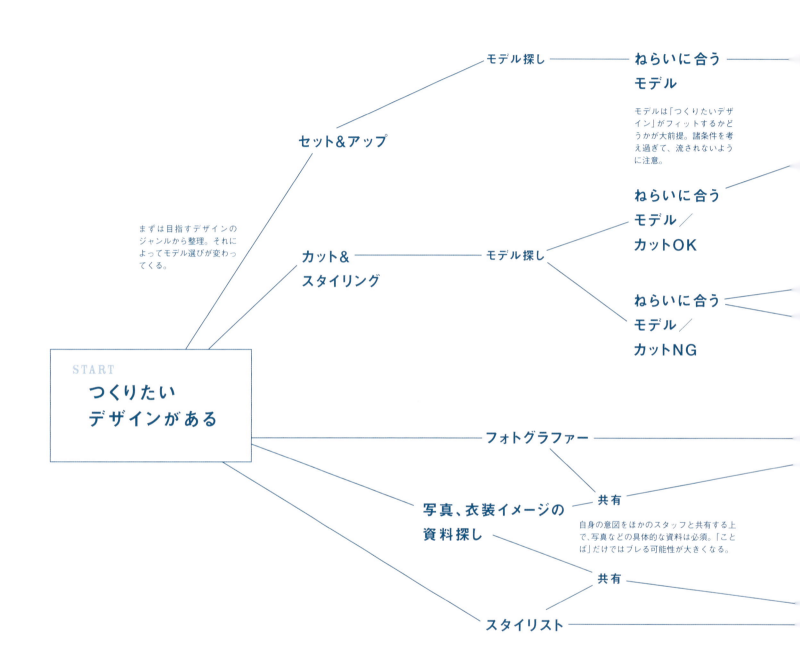

意図を明確にする力

まずは「やりたいデザインは何か」を具体化していくことからスタート。セット＆アップか、カット＆スタイリングかなどのジャンルを整理し、それと同時に「デザインをどう見せるか」も明確化。モデルは「つくりたいデザイン」にフィットすることを前提にして選定する一方、別ルートでフォトグラファーやスタイリストと見せ方の方向性を共有。写真的なイメージを固め、最終的に「つくりたいデザイン」と合致させていく。このケースで重要なのは、自分の「意図」をいかに明確にできるかという点。またほかのスタッフにそれを説明する力、共有する意識が重要だといえる。

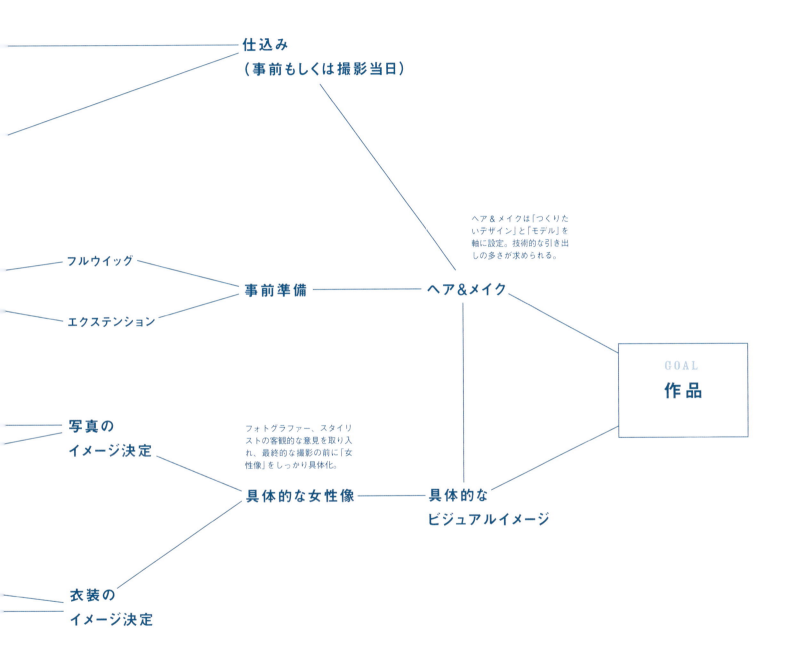

クリエイションの思考・行動プロセス
CASE 3 コスチュームが決まっている場合

続いては「衣装ありき」の場合。「ファッション関連撮影」のほか、
「モデルやお客さまの私服」を使って撮影するパターンが身近なケースといえます。

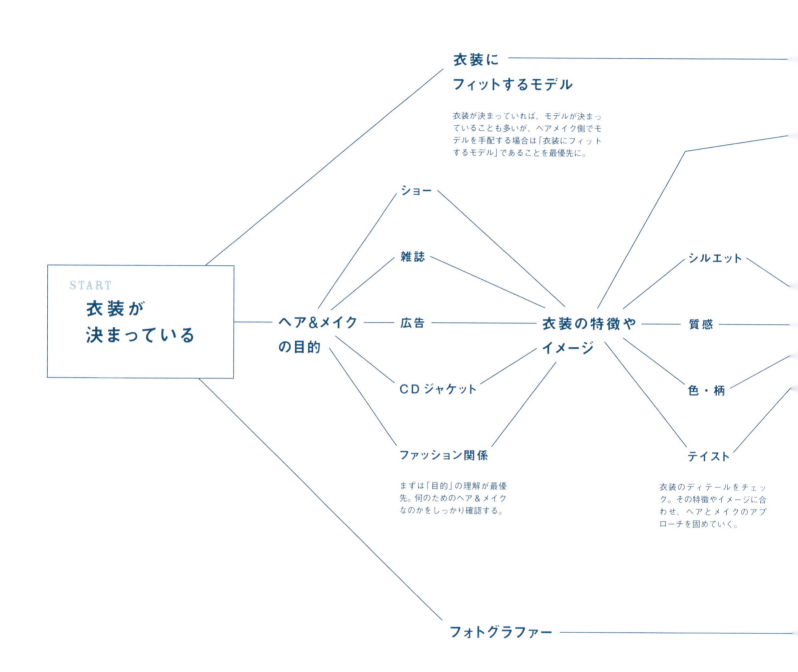

「回答」を導き出す力が必要

最初に理解、再確認するべきことは、クリエイションの目的。ショーなのか、雑誌や広告の撮影なのか、またその写真の商業性や企画性を把握することが最優先。その上でコスチュームのシルエットや質感、色、テイストなどをつかみ、ヘア＆メイクを組み立てていく。また、ヘア＆メイクのテンションやテイストをコントロールすることも重要。目的に合わせ、モデルとなじませるか、あえてミスマッチ感をねらうかといった検討も大切。このように、さまざまな「条件」を加味して答えを出していかなければならないため、このケースは最も「つくり手の力量が試される」パターンとも考えられる。

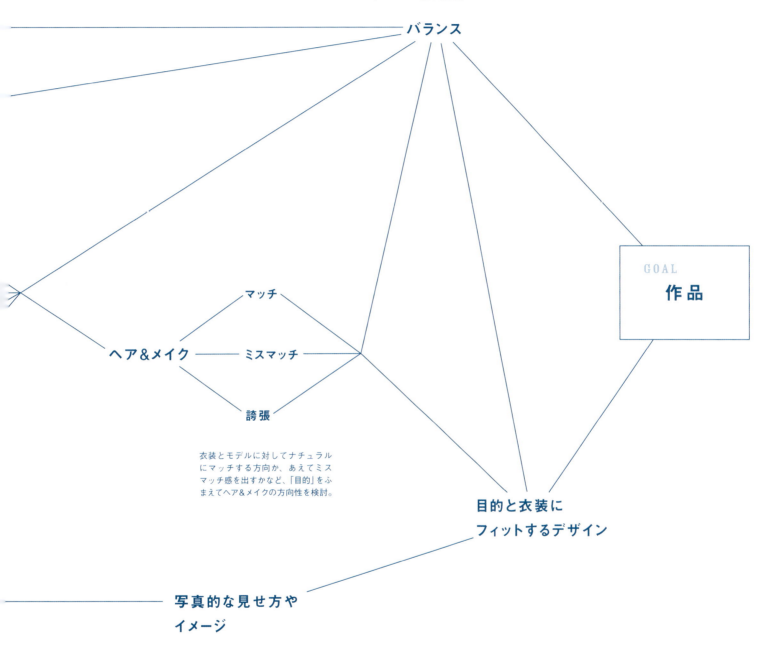

クリエイションの思考・行動プロセス
CASE 4 明確なテーマがある場合

最後の例は「テーマありき」。各種雑誌撮影やフォトコンテストなどがあてはまるケースです。このケースでは「テーマにふさわしいか」の自問自答が重要。

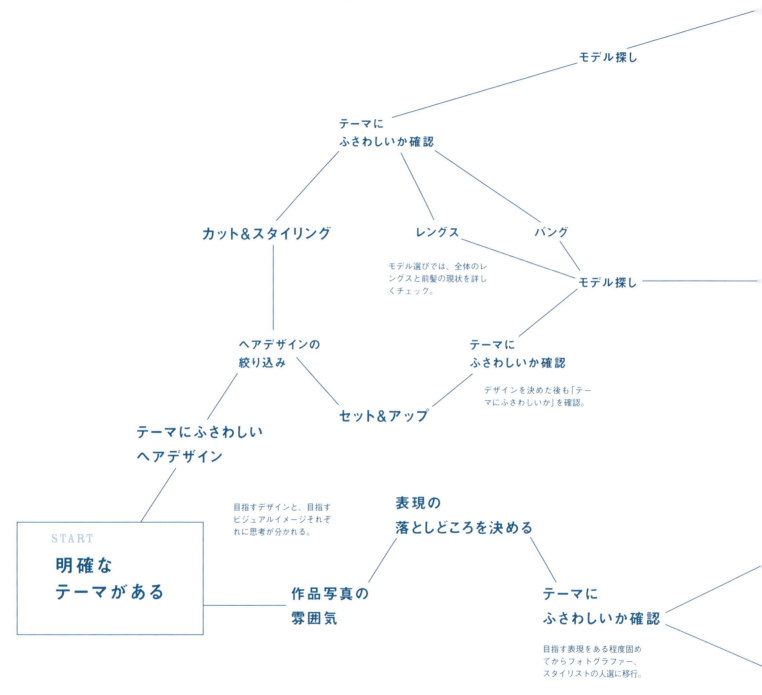

何度も確認して精度を上げる

特に雑誌撮影はほとんどこのケースに該当。デザインの決定や表現の落としどころ、また撮影の現場など、あらゆる場面で「テーマ」が軸になり、また各段階で「テーマにふさわしいか」を再三確認することが重要となる。従って、テーマの内容を確実に理解し、自分なりの表現につなげる解釈を明確にすること、またその解釈がテーマとズレていないかを自問自答することも必須。そうしたプロセスを経て、モデル確定後はCASE 2と同様の流れになる。なお、テーマの内容そのものはもちろん、それに対する解釈、ヘア＆メイクの方向性を、ほかのスタッフとしっかり共有することも大切。

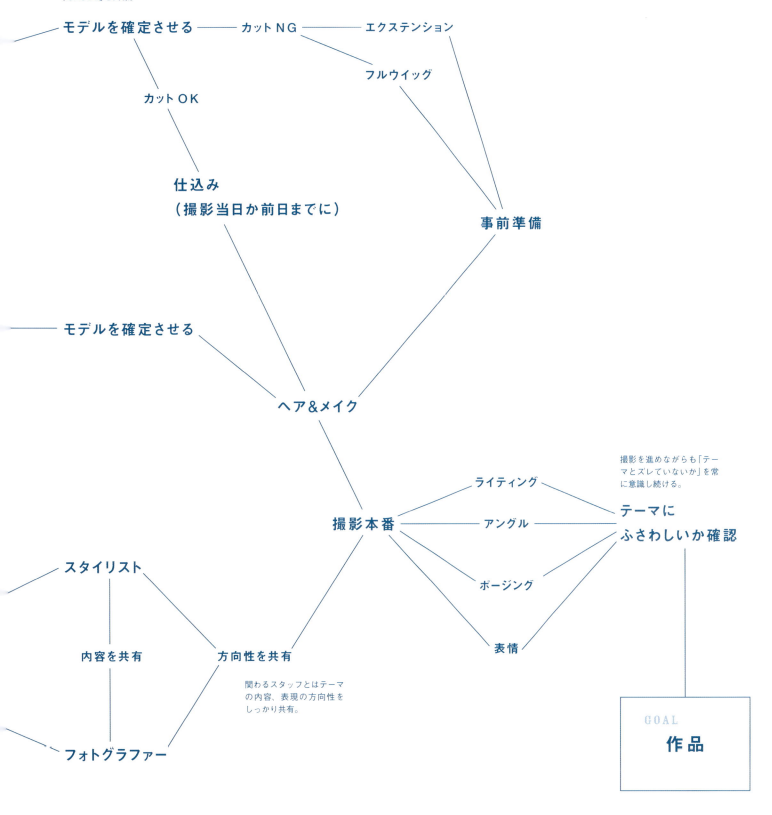

クリエイションの思考・行動プロセス
実例解説　SAMPLE 1

ここからは、実際に行なわれたクリエイションにおける、著者の思考、行動のプロセスを解説。
ピックアップするサンプルは、美容専門誌、月刊『HAIR MODE』の表紙撮影です。

テーマを考え続け、最適な落としどころを探る

まずは月刊『HAIR MODE』2009年4月号の表紙をピックアップ。大前提として、撮影のテーマは表紙にも載る「特集企画のテーマ」となる。またアートディレクションはゆるやかで、つくり手側の意志が尊重された。なお、当時の同誌表紙は1人の作者が3号連続で担当する形式で、これは著者が担当した1回目。初回ということで気合と緊張があったが、テーマの「大人モード」に「面白み」を感じてもらうことを目標にし、まずはフロントのヘアデザインを決定。ショートスタイルでの撮影を予定していたが、撮影ぎりぎりまでアイデアを広げた。

そして撮影当日、衣装の確認を経て、クラシカルなアップスタイルのほうがテーマにふさわしいと判断し、ヘアデザインを変更。縦長で奥行きのある、潔いシルエットに「大人モード」を落とし込んだ。

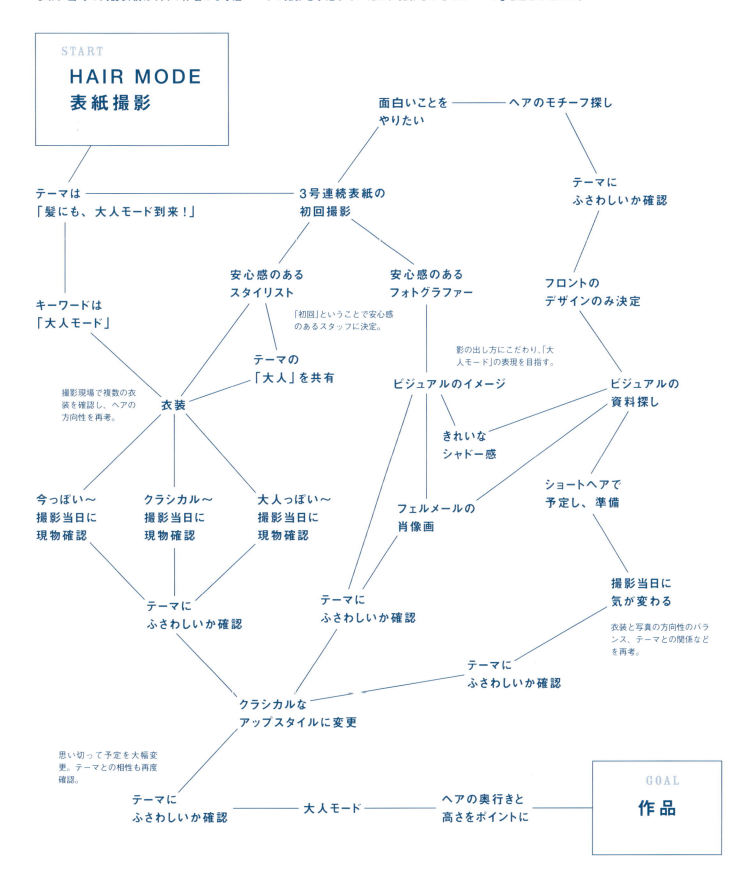

クリエイションの思考・行動プロセス
実例解説　SAMPLE 2

ここでも前ページと同様、月刊『HAIR MODE』の表紙撮影をピックアップ。
同じ目的のクリエイションですが、著者の思考と行動に、どんな違いが生じたのかに着目してください。

テーマの実現に必要な要素を模索する

作品のテーマ設定は前ページと同じ流れ。なお、この表紙撮影は3回連続の2回目で、制作の流れがつかめていたこともあり、ヘア＆メイクを具体化させた後、フォトグラファーやスタイリストを決定することに。
ヘアデザインは、テーマが「不況脱出」というこ とで、リアリティより前向きな元気さや明るい雰囲気を志向し、極端なビッグシルエットのカーリーヘアに決定。ただそれだけでは「そのまま過ぎる」と判断。ヘアデザインに面白みや自分らしさを加えるため、甘さをおさえた表現を模索した。そして最終的に 選択したのは、デザインの大枠を予定通りのビッグシルエットにしつつ、カラーリングで大人っぽさを加えるアプローチ。こうしたデザイン設計を軸にしてモデルや衣装を絞り込み、明るい全体の空気に、不況に立ち向かう強さを込めた。

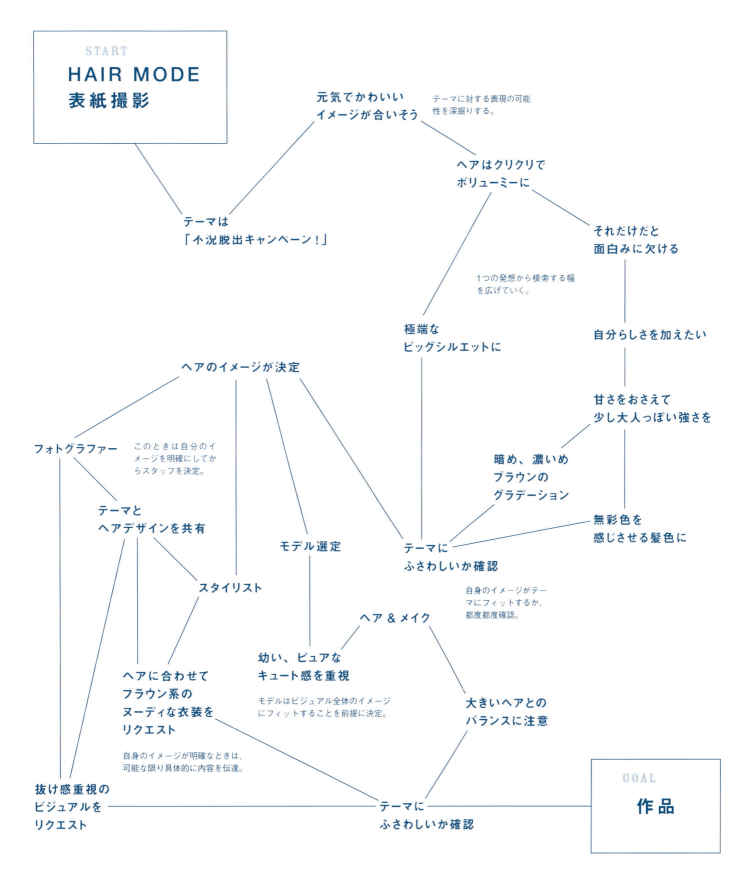

デザイン表現を進化させるために

美容師のクリエイションにおいて、軸となるのがヘアデザインです。
その質と、創造性を高めるには、ヘアデザインの「構成要素」と、
完結している美の「古典」を知ることが必要。それが、すべての出発点になります。

ヘアデザインを
つくる要素

ヘアスタイルは、さまざまな要素の組み合わせで成立しています。
そして、異なる性質を持つ1つひとつの「要素」をしっかり理解し、使いこなすことこそが、
ヘアデザインの質の向上につながっていくのです。

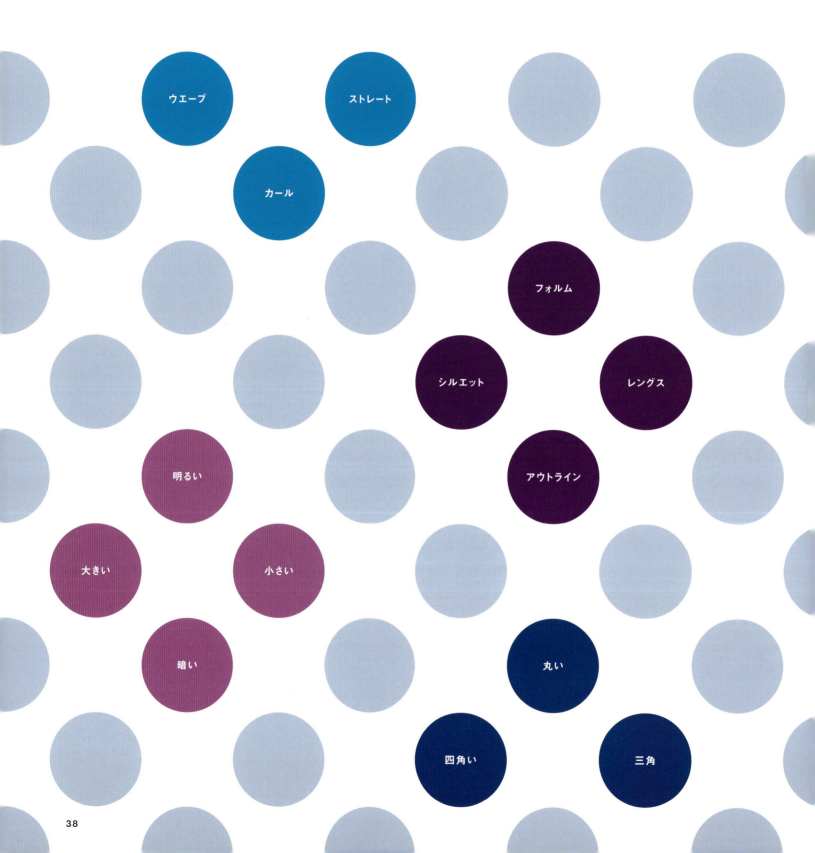

ヘアデザインの「構成要素」

ヘアデザインはどんな要素の集合体なのか、
まずはそこから考えていきましょう。

目の前にある髪をどう扱うか、ヘアデザインをどう組み立てるか。ヘアをデザインするということは、数限りない「要素」の中から、技術者が必要なものを取捨選択し、組み合わせていくことを意味する。たとえば「かっこ良いデザイン」をつくりたいのなら、レングスは、フォルムは、髪色は、質感は……と種々の要素を選び、組み合わせていくことが必要となるはず。つまりヘアデザインとは、長さ、かたち、色、質感、動き、セクション、テクニックなど、幅広い性質を持つ要素が複雑に、さまざまな視点によって構成されるものだと考えられる。

次のページからは、こうした「要素」のベースとなる、5つの項目を掘り下げる。

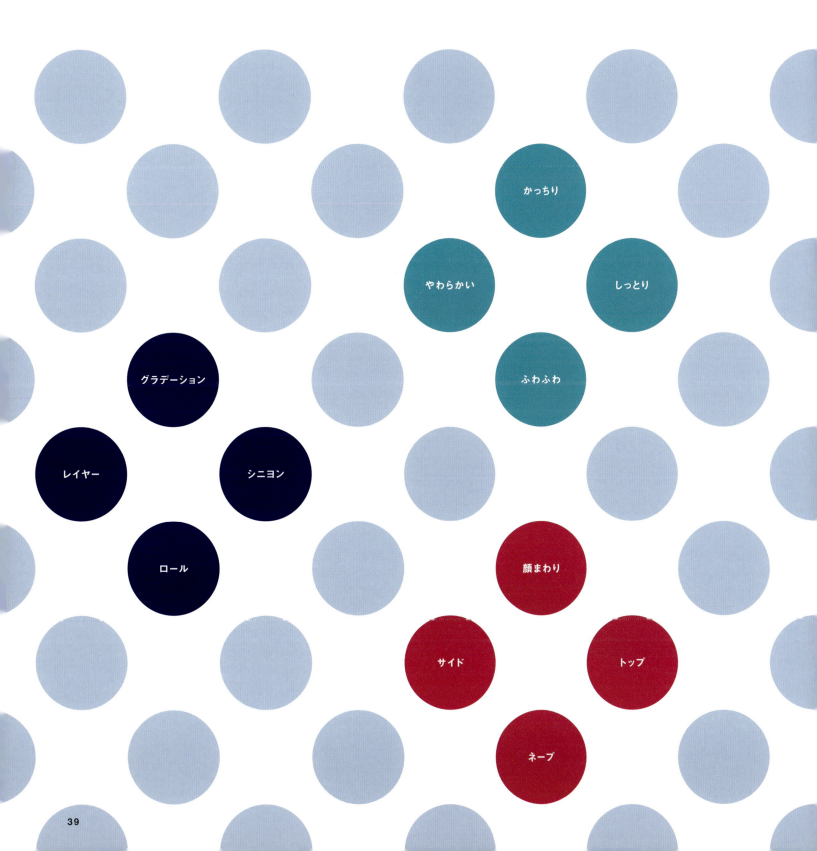

ヘアデザインの構成要素 1
線

まずは「直線」と「曲線」に大別される、「線」について考えます。
髪そのものの線、また髪の集合体で表現される線は、
デザイン全体の表情に大きな影響を与えます。

① 直線

直線は、シャープかつ力強いイメージの源となり、中性的・男性的な印象につながりやすい。日本人の多くは直線的な髪（直毛）なので、直線の集合体が帯びる強い印象をどう操作するか、という視点が大切。また、デザイン設計そのものの切り口となることが多い。

② 曲線

曲線は、やわらかく優しいイメージを帯び、ヘアデザインにおいては女性的な印象につながりやすい。ただし曲線のカーブが強く、くっきりとしたリッジになったり、その形状が細かくなると、ヘアスタイルにダイナミックさや個性の強さを生じさせる傾向を持つ。

ヘアデザインの中の「直線」と「曲線」

多くのヘアスタイルは、直線的な髪と曲線的な髪が混在し、成立している。
このページでは、直線と曲線それぞれの役割や、線の表情によって、
全体のイメージがどう変わるのかについて見ていく。

EX 1

曲線的な髪なのに直線的

全頭にワッフルアイロンを施術したスタイル。曲線の集合体でも、その形状が細かく連続している場合は、むしろ直線的な印象が強くなり、シャープでクールなイメージが高まる。

EX 3

直線的な髪による曲線的なフォルム

ストレート毛による、曲線的で丸いフォルムのデザイン。直線が持つ力強さやインパクトはあるものの、シャープさより、曲線によるやわらかでキュートな印象が強くなっている。

直線的な髪が大きな曲線に

ストレート毛を内巻きにブローすると、髪は大きなカーブを描く。直線的な髪の集合体であるストレートヘアでも、ブロー次第でシャープさがやわらぎ、全体的にソフトな印象になる。

EX 2

EX 5

**前髪は曲線的だが
それ以外は直線的**

EX5のスタイルと逆の構成。前髪の曲線がやわらかさを感じさせるものの、タイトに仕上げたサイドの直線的な毛流れが、顔まわりの表情に大きく影響し、シャープな全体像に。

**前髪は直線的だが
それ以外が曲線的**

EX4のスタイルと逆の構成。顔まわりに直線を配置すると、その印象は顔の表情だけでなく、ヘアスタイル全体のイメージにまで波及。個性的で、強さを感じさせるイメージに。

**曲線的な髪と
直線的なアウトライン**

ライン感のあるデザインは、力強い印象を表現しやすい。曲線的な髪で全体を組み立てても、アウトラインを直線的な切り口で構成すれば、シャープかつクールな印象を引き出せる。

EX 4

EX 6

ヘアデザインの構成要素 2
かたち

2つ目の代表的な要素は「かたち」。
まずはかたちそのものの印象を整理し、さらにそのとらえ方などを解説。

「かたち」の特徴と傾向

「かたち」には、それぞれに特有のイメージがあり、
それはヘアデザインにおける「かたち」も同様。
まずは代表的な「かたち」を例に、それぞれが持つ「特有な印象」について整理していく。

四角い・丸い

四角形や三角形など、角のあるかたちは「直線」と同様、シャープで力強いイメージになりやすい。その一方、角のない丸いかたちは「曲線」と同様にやわらかく、優しいイメージが強いといえる。また、角が多いとゴツゴツとした印象が強まるものの、六角形、十二角形と、角が増えると丸いかたち特有のイメージに近づくこともある。

縦長・横長

縦に長いと大人っぽく、クールな印象が強くなり、横に長いと幼く、ウォームなイメージになりやすい。また、形状が真円や正方形、正三角形に近づくほど、落ち着いた印象や安定感が強まる一方、過度に縦長、横長になると、不安定なイメージを与えやすくなる。なお、顔型はやや縦長の丸（卵型）が普遍的な美しさを持つとされている。

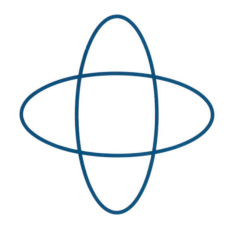

「かたち」のデザイン効果

次はP40-41に掲載した2つの作品をベースに、「かたち」のディテールが
イメージなどに与える効果について整理。ここでピックアップする着目点が、
ヘアデザインを構成する過程において、種々の判断材料に直結する。

直線的なオールバックの毛流れ
と、硬質なツヤ感でかたちを形成。

水平、垂直を感じさせる、直線的
なフォルムとシルエット。

シルエットのかたちと、顔まわり
のラインがいずれも円形。

カーブする毛の連続でつくられた
曲面による、しなやかなツヤ感。

DESIGN SAMPLE 1

DESIGN SAMPLE 2

ふくらみを感じさせない、頭のか
たちに沿った、タイトな衿足。

「ロール」の曲線的な毛流れによっ
て形成される、丸みの強いかたち。

CHECK POINT 1

ボリュームの位置

ヘアスタイルの「かたち」の方向性
やイメージを決めるのが、ボ
リュームポイントの「高さ」。
「SAMPLE 1」は、ややポイント
を高い位置に設定していること
で、躍動的なイメージに。それに
対して「SAMPLE 2」は、ウエイ
トを低くすることで、落ち着いた
印象を強めている。

CHECK POINT 2

毛流れの方向性

かたちを形成する毛流れが一定
か、ランダムかによっても、ヘア
スタイル全体のイメージが大きく
変わる。また上の2スタイルのよ
うに、毛流れ自体は一定でも、直
線的な構成（SAMPLE 1）だと硬
質で男性的に、曲線的（SAMPLE
2）だとなめらかで女性的な印象
が強くなる。

CHECK POINT 3

角の表情とサイズ感

かたちにおける「角」の表情や数、
またフォルムの「サイズ」も全体の
イメージに大きく影響する。
「SAMPLE 1」は、小さなシルエッ
トに際立たせた複数の角が、より
ストイックな印象に。「SAMPLE
2」は角のない大きなシルエット
で、よりやわらかいイメージに方
向づけている。

かたちをつくる 毛流れとボリュームの方向性

前ページでふれたように、かたちを形成する「毛流れ」と「ボリュームの位置・方向性」も、デザインの印象に大きく影響する。ここでは毛流れの方向（上昇・下降）とボリュームの高さ（高い・低い）の違いが、かたちの印象に与える効果について見ていく。

DESIGN SAMPLE 1

毛流れ：上昇
ボリューム：ハイウエイト
印象：力強さ、活発

最もボリュームを感じさせるポイントが、極端に高く設定されたデザイン。高い位置にボリュームを出すと、毛流れは重力に逆らう上昇線を描くようになるため、「力強さ」や「活発」という印象のほか、「不安定さ」「違和感」といったイメージにつながる。

DESIGN SAMPLE 2

毛流れ：下降
ボリューム：ローウエイト
印象：落ち着き、安定感

最もボリュームを感じさせるポイントが、極端に低く設定されたデザイン。Aラインのシルエットなど、低い位置にボリュームをつくるデザインでは、毛流れは重力に従う下降線を描くようになるため、デザイン全体に「落ち着き」や「安定感」を出せる。

かたちの大きさと 顔のサイズとの関係

ここまでは、かたちとイメージの関係に言及してきたが、
最後に「かたちの大きさ」が持つデザイン効果について解説。ヘアスタイルのフォルムや
シルエットのサイズ感もまた、かたちの形状と同様、デザイン全体のイメージに大きく影響する。

DESIGN SAMPLE 3

**フォルム＆
シルエットのサイズ：
極端に大きい
〜ボリュームのあるデザイン
印象：キュート、ウォーム**

体のサイズに対してヘアが大きいと、キュート、ウォームな印象になる。またこのデザインでは、ハイウエイトでフォルムを左右に大きくしているため、そうした印象が強調されている。なおヘアを大きくする際は「顔が大きく見えないサイズ」を探すことが大切。また写真表現においては、首や肩のラインを斜めにし、安定感が出るようにすると良い。

DESIGN SAMPLE 4

**フォルム＆
シルエットのサイズ：
極端に小さい
〜ミニマムなデザイン
印象：ストイック**

毛流れはサイドからの上昇線を配し、ややアシンメトリーなバランスを形成。ボリューム感をほぼ感じさせない構成だが、緻密な面やフロント〜トップにあしらった夜会状のタイトなディテールで、緊張感のあるストイックなイメージに。こうしたコンパクトかつミニマムなデザイン設計では、面やディテールなどの「一糸乱れぬ」クオリティが、完成度に直結する。

ヘアデザインの構成要素 3
質感

3つ目の要素は「質感」。
一般的な意味合いとは少し異なる
「ヘアデザインにおける質感」の意義や役割について整理します。

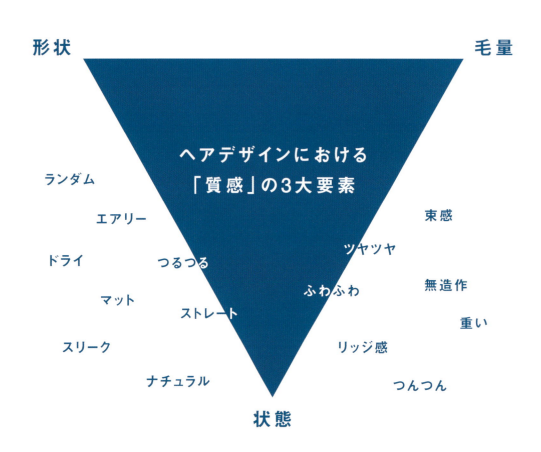

「質感」を支える3つの要素

「質感」とは、一般的に「視覚的、触覚的な様子や、物体表現の肌合い」を意味する。ただしヘアデザインにおける「質感」の意味は幅広く、上の図のように「毛量」「形状」「状態」の3つに分類することが可能。この3つの軸に明確な区分はないが、「質感」に関するワードとその内容や意味合いを整理しておくことが、デザインのディテールをつくり分ける際、また目指す仕上がりをほかのスタッフと共有する上で重要となる。

検証1 「質感」を解析する

通常、ヘアスタイルの多くは複数の質感で構成され、さまざまな効果によって1つのデザイン性やイメージを形成している。ここでは質感を形成する3つの要素を、1つのデザインサンプルを通して解説。質感がデザインに与える効果などについて確認する。

DESIGN SAMPLE
質感

質感を形成する要素①
状態

髪の状態はドライとウエットに二分でき、それぞれの段階を操作することが、質感の表現に直結する。髪が乾いているか、濡れているか、その状態の違いが質感表現の出発点。

DESIGN SAMPLE
シルエットの際はドライで、顔まわりはウエット。またパウダー状のチークでドライ感を出し、重さを感じるウエットな部分を、軽さを感じるドライな質感ではさんでいる。

質感を形成する要素②
毛量

ヘアにおける質感の印象は、視覚的・物理的な髪の量と連動する。基本的に、毛量が多ければ重く見えて硬さが出やすく、少なければ軽く見えるため、やわらかさを出しやすい。

DESIGN SAMPLE
シルエットの内側は毛量が「密」になっており、重さを感じさせる。それに対し、シルエットの外側や顔まわりは「疎」で、抜け感が強く出ており、軽くやわらかい印象。

質感を形成する要素③
形状

一般的に、直線的な形状の毛流れは「硬い質感」に、曲線的な形状だと「やわらかい質感」になる。またウエーブやカールなどの形状の微差によって、ヘアの質感や印象も変化する。

DESIGN SAMPLE
シルエット内側は、直線的な毛流れの集合体で、コンパクトでスクエアなフォルムを形成。その一方、シルエットの際と顔まわりは、曲線的な毛流れで構成されている。

検証2 「質感」とデザインの関係性

このページでは、さまざまなクリエイションに活用できる質感の代表例と、それぞれで表現できるイメージなどについて紹介。髪の状態、見た目の毛量、形状によって変わる質感と、その効果をしっかり把握することが、目指すイメージの実現を後押ししてくれる。

CASE 1
ナチュラルストレート

ツヤツヤ＆サラサラの状態。健康的で、髪本来の美しさを感じさせる質感。清楚、おしとやか、大人しい、清潔感、純粋といったイメージを表現しやすい。また、ていねいにつくられた、手をかけたような雰囲気が出る。

CASE 2
エアリー

CASE 1のストレートに、空気を含ませたような、軽さが感じられる状態。髪が自然に揺れるような風合いを出せる。やさしい、やわらかい表情や、かわいらしさやさわやかな印象の表現につなげやすい質感。

CASE 3
しなやかウエーブ

面をつなげつつ、ゆるい曲線にかたちづけた状態。ツヤが出る分、やや重さを感じさせる。フェミニンでやさしいイメージや、なめらか、しなやか、上質、エレガント、落ち着きといった印象につなげられる質感。

CASE 4
潮風系の束感

潮風を受けたような、少しバサバサした細かめの束感がある状態。リゾート感やナチュラル感、ネイチャー感が出る。ルーズな風合いにもつながるため、カジュアルな雰囲気や、遊び心の表現にも向いている質感。

CASE 5
ハードストレート

極端に直線的な状態。強さや硬さ、シャープ感などの表現につながり、クールな印象になる。スパイキー、つんつんといった表情も出せる質感だが、筆先、墨絵などを想起させるため、和っぽい表現にもフィットする。

CASE 7
スーパーウエット

極端に濡れたような状態。ツヤ感、グロッシーな風合いが強く出るため、重さ、硬さ、しっとり感、ねっとり感が表現できる。ボリュームがなく、動きが出ないため、落ち着き、大人っぽいイメージにフィットしやすい質感。

CASE 6
ソフトアフロ系

針金に8の字状に細い毛束を巻きつける、わらじ編みを施した状態。「エアリー」の発展形。ドライな質感で、ボリューミーだが軽さがある。パサパサ、ふわふわ、ファンキーといったイメージにつながる質感。

CASE 8
スーパードライ

ワッフルアイロンを使用した、小波状の髪に、パウダーを加えてドライ感を極端に表現した状態。ふわふわ感はおさえられ、パサパサ、カサカサな風合いを感じさせ、軽さ、クセ毛風、カジュアル感につながる質感。

ヘアデザインの構成要素 4
素材

最後に取り上げる構成要素は「素材」。
ヘアデザインの根本的な素材である「髪」を使い、
さらに可能性を広げてくれるテクニックを解説していきます。

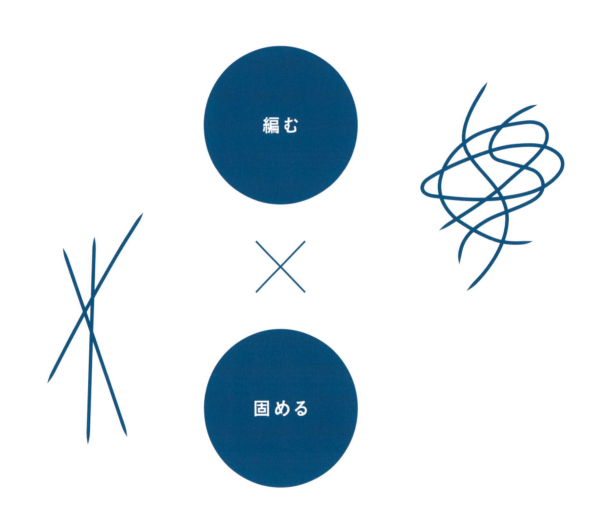

髪を「素材」としてとらえる

髪は、そのかたちや質感をさまざまに変えることで、クリエイションのための「いち素材」として自由にとらえ、扱うことができる。1本1本がバラバラの「線」である髪に対し、「編む」「固める」というテクニックを施すことで、1つのまとまりにすると、新たなデザイン性をつくり出すことが可能だ。
ここからは、「つけ毛」を利用し、この「編む」「固める」を軸に、髪を新たな素材として成立させる加工のテクニックを解説。クリエイションの幅を広げてくれる、「素材」づくりについて紹介していく。

[編む] 三つ編み

「編む」技術の基本。写真は「表編み」で、「裏編み」は編み目の向きが逆になる。また、編む毛束を新たに増やしていくと「編み込み」になる。仕上がりは温かみのある、素朴なイメージになりやすい。

①

毛束を三等分して施術。毛量をランダムにすると、不規則な編み目ができる。

②

左の毛束を中央の毛束に重ねる。編み目を親指でおさえて編むと「ハイゲージ」に。

③

右の毛束を左の毛束に重ねる。2、3の動作を必要なだけ繰り返して完成。

→

[編む] 四つ編み

「三つ編み」の派生型で、「かご編み」のベースとなるテクニック。毛束の数を増やすなど、テクニック的なアレンジがしやすいため、幅広いデザインに落とし込むことができる。

①

毛束を四等分して施術。テンポよく編んでいくことがポイント。

②

左端を左から2番目に重ね、引いてきた毛束の上に、右から2本目を重ねる。

③

右端を左の毛束の下に通す。2、3の動作を、常に左の毛束で行なっていく。

→

[編む] スパインブレード

編み目を非対称に仕上げるテクニック。施術の際はねじれやすいが、そのねじれを生かすとロープのような見え方になるため、目指すデザインに合わせて調整したり、使い分けたりすると良い。

①

芯になる三つ編みと、表面にする「ふかし毛」を用意。片側をゴムで留める。

②

「ふかし毛」で輪をつくり、毛先をその間に通すようにして芯にからませる。

③

輪に毛先を通した後、斜め上に引いて締める。2、3を必要なだけ繰り返す。

→

53

［編む］
ケーブルブレード

立体感が出る編み方。2人がかり
で行なうが、工程や仕上がりの見
た目はシンプルなので、レングス
が長い髪のテールにするなど、一
般的なデザインにも応用可能。毛
束を浮かせると施術しやすい。

まずは2本の毛束をそれぞれの中
心で重ね、さらに交差する点をゴ
ムで留める。

1人が同じ毛束を持ち、その毛束
同士をクロスさせ、タイトな状態
でキープ。

もう一方をクロスさせ、しっかり
締める。2、3の互い違いの作業
を繰り返す。

［編む＋固める］
ドレッド

ここでは地毛でつくるドレッドと
は違うアプローチの、つけ毛とす
き毛でつくる即席のドレッドを紹
介。人毛のつけ毛と化繊のすき毛
を使用し、両者の熱に対する感度
の違いを利用したテクニック。

芯にする三つ編みと、表面にする
すき毛を用意。すき毛は必ず化繊
製を使用。

三つ編みにすき毛を斜めに巻きつ
け、くるむ。両端はすき毛を巻き
込む。

ドライヤーをあてる。ドライヤー
の熱ですき毛の化繊が縮み、ド
レッド状に。

［固める］
カラクサ

細い毛束で強くランダムなリッジ
をつくり、その形状を固定するテ
クニック。たくさんつくり、タイ
トなシルエットのデザインにあし
らったりと、ポイントづくりなど
に使用することができる。

片方の端をゴムで留めた毛束を用
意。化繊より人毛のほうがつくり
やすい。

毛束の内側にまで、全体にハード
タイプのジェルをたっぷり塗布し
ていく。

発泡スチロールとネジピンなどで
リッジの形状を整え、ハードスプ
レーで固定。

[固める] ヘアボード 1

毛束をパネル状に整え、平面的なまま動きをつけて固めるテクニック。これで仕上げた毛束を用いれば、リボンシニヨンなどをつくることもできる。成形後、1〜2日間程度の放置時間が必要となる。

①

ゴムで片方を留めた毛束をプラスチック板などの上に置き、コーミング。

②

全体にジェルを塗布し、さらにコーミングした後、コームのテールなども使って成形。

③

成形後、1〜2日間放置すると、持ち上げてもかたちがしっかりキープされる。

[固める] ヘアボード 2

「ヘアボード 1」を応用したテクニック。放置の際にドライヤーを使う場合は、毛束の成形にスプレー缶を使用しないこと。なお、こちらも「ヘアボード 1」と同様、1〜2日間の放置が必要となる。

①

ゴムで留めた毛束をプラスチック板などに置き、ジェルを塗布してコーミング。

②

スプレー缶などに1の毛束を巻きつける。たわみができないように注意。

③

1〜2日間放置した後、完全に固まってからハサミでカットし、使用する。

[固める] ヘアシート

髪を平滑な布状に成形する技法。使用する髪の量と広げる面積を調整することで、透け感や厚みをコントロールする。ハードスプレーで固めた後、ドライヤーでよく乾かして使用する。

①

プラスチック板上に、曲線を描くように髪を散らす。厚みが出ないように注意。

②

全体にハードスプレーを吹きつける。髪が重なっている部分は特に念入りに。

③

ドライヤーでしっかり乾かした後、求める形状に折り曲げるなどして使用する。

古典的造形の再認識

ヘアスタイルには、多くの場合ベースとなるスタイル、デザインが存在します。
このベースとなるのが「普遍的な美しさ」を持つ、さまざまな「古典的造形」。
これらを理解することもまた、クリエイションの質の向上には必要です。

CLASSICAL DESIGN 1
シニヨン

CLASSICAL DESIGN 2
ロール

CLASSICAL DESIGN 4
ポンパドール

代表的な「古典的造形」

ここからは、さまざまなヘアデザインのベースとなる、
代表的な6つの「古典的造形」をピックアップし、
それぞれの仕上がりとテクニック的な要点をおさえていく。
ここで紹介するスタイルやデザインが、さまざまなクリエイションの「起点」となる。

CLASSICAL DESIGN 3

夜会巻き

CLASSICAL DESIGN 5

リーゼント

CLASSICAL DESIGN 6

ページボーイ

CLASSICAL DESIGN 1

シニヨン
ネープシニヨン × パピヨン

「お団子」と形容されることもある「シニヨン」は、まとめ髪のデザインにおける代表的なデザインパーツ。
シニヨンそのもののデザインはもとより、その配置や大きさなどによって、極めて幅広いデザインに
落とし込むことが可能です。ここでは「パピヨン」と呼ばれるシニヨンを、ネープに配置するスタイルを通して解説。

CHECK POINT

「シニヨン」とは「髪でつくるかたまり」のことであり、「毛先を内側にしまい込む」ことが定義になる（毛先を出すと「ノット」になる）。

シニヨン自体の形状、タイト感、表面の質感、サイズによって、ミニマムから華やかさまで幅広い表現に応用できる。

シニヨンの配置によって、若々しさから大人っぽさまで、幅広い表現が可能。

TECHNIQUE PROCESS

① バックのアンダーから根元にハードジェルをつけ、コームでとかす。これを全頭に施し、根元をおさえる。

② 全頭をコームでとかしつけ、耳上より下の高さで一束をつくる。根元が立ち上がらないよう、タイトに結ぶ。

③ 一束のテールから細めの毛束を分けとり、根に巻きつけてゴムを隠す。毛先まで巻きつけたら根にピニング。

④ 表面の毛流れに乱れがないか確認後、一束のテールを二分割。左右の毛量が変わらないように、均等に分ける。

⑤ 二分割した毛束の片方を持ち、内側に逆毛を立てる。中間〜毛先に施し、髪のつながりを密にする。

⑥ 小さめの人参型に成形したすき毛を5の毛束に巻き込む。毛束の表面にクレバスがないか確認して施術。

⑦ 根まですき毛を巻き込んだら、両端を引いて扇状に成形。根の下側でかたちを整え、オニピンで仮留め。

⑧ もう片方の毛束も5〜7と同様、すき毛を巻き込み、扇状を整えたら、表面の毛流れをならして固定。

FINISH
NAPE CHIGNON × PAPILLON

DESIGN POINT
「パピヨン」のデザインは、シニヨン自体にあまり高さを出さず、「蝶」のように左右対称に仕上げるのがポイント。ネープシニヨンに仕上げると、さり気ない華やかさや、落ち着いた雰囲気が出せる。

CLASSICAL DESIGN 2

ロール
クラシカルなワンロール

「ロール」は汎用性が高く、幅広いヘアスタイルに用いられるデザインパーツ。
日本の明治期における「庇髪(ひさしがみ)」や「二百三高地(にひゃくさんこうち)」などが代表的なスタイル。
和洋折衷、または洋装にも合わせやすいデザイン要素で、きものヘアにも盛んに取り入れられています。

CHECK POINT

目指すロールのサイズ感や形状、配置によって、「シニヨン」と同様、幅広いイメージ表現が可能。

地毛のみでロールをつくる場合もあるが、求めるサイズによってはすき毛を活用。基本的に、すき毛は毛先～中間から巻き込んで成形。

大きなロールが必要な場合は、小分けにつくりながら「ひと続きに見せる」ことが重要。

TECHNIQUE PROCESS

1. まずは全頭にホットカーラーを巻く。横スライスでトップから巻きおろし、全体にボリュームを出す。

2. すそまわりのみホットカーラーを逆巻き。耳まわり～衿足の生え際をきれいに上げるため、巻く方向を変える。

3. 額の角付近から、バックポイント付近までをラウンド状に分け、全頭を上下2つのセクションにブロッキング。

4. 3で分けたセクションのうち、オーバーからパネルをとって根元～中間中心に逆毛を立て、つながりをつける。

5. オーバーの顔まわりまで逆毛を立てた後、表面をブラシで整える。トップのふくらみをつぶさないように施術。

6. 表面の毛流れを整えたら、ゴムを使い、バックポイント付近で一束に。ここでも表面をつぶさないように注意。

7. 一束にまとめたオーバーのテールは、結んだ位置で丸め、毛先を内側に入れ込んでシニヨンにする。

8. 3で分けたセクションのうち、アンダー側に逆毛を立てる。まずはサイドの内側を施術し、つながりをつける。

9. 8の表面の毛流れを整えたら、小さめの人参型に成形したすき毛を中間から、リバース方向に巻き込む。

10. 根元まですき毛を巻き込み、ピンで固定。やや小さめにしたロールを、耳上付近にフィットさせる。

11. 逆サイドも8～10と同様に施術。バックに巻き込むすき毛はやや大きくし、サイドより大きめのロールをつくる。

12. サイドとバックのロールの境目をコームでなじませ、ひと続きに。表面の毛流れのほか、大きさのバランスを調整。

FINISH
ONE ROLL STYLE

DESIGN POINT

クラシカルなワンロールスタイルは、オーバーのフォルムとロールとのバランスや一体感が大切。またロール部分は、表面の質感はもちろん、細い〜太いというサイズ感も「ひと続き」に見えることが重要。

CLASSICAL DESIGN 3

夜会巻き
クチュール夜会

「夜会」という名の通り、「パーティヘア」の代名詞的デザイン。
本夜会、合わせ夜会など、バリエーションは多岐にわたり、幅広いスタイルに落とし込まれます。
ここではすっきりとした、洋風な仕上がりが特徴的な「クチュール夜会」をピックアップ。

CHECK POINT

逆毛、コーミング、ツイスト、留めるといった、セット&アップの基本的な技術が集約されたデザイン。

洋装、和装双方にフィットし、幅広い年代、デザインに応用可。格の高さや上質なイメージを形成する。

フォルムの形状は技術的な構成方法によってさまざま。なお欧州では「バナナシニヨン」、米国では「フレンチツイスト」と呼ばれる。

TECHNIQUE PROCESS

① 全頭をブロッキング。オーバーは馬蹄形、バックは逆三角形に分け、バックのセクションは三つ編みして丸める。

② サイドを25ミリのカールアイロンで巻く。中間〜毛先にカールをつけ、毛流れを内側に向けやすくする。

③ 丸めた三つ編み部分を土台とし、人参型に成形したすき毛を固定。すき毛の上側を少し広げ、土台を包むように。

④ 土台と接する部分から逆毛を立てる。サイドまで、スライスをウロコ状に展開させ、髪につながりと量感を出す。

⑤ サイドの表面にブラシを入れ、表面の毛流れを整えながら、後方へシェープ。生え際から毛流れをしっかり整える。

⑥ 5の毛束を土台にかぶせ、ひねり上げるようにして固定。三つ衿など、生え際の髪が落ちないように整える。

⑦ 表面の毛流れやおくれ毛がないかなどを確認後、6の毛先をループ状にして巻き、土台上部にネジピンで留める。

⑧ 逆サイドも4〜6と同様に施術。表面の毛流れとおくれ毛がないかを確認し、タイトにひねり上げる。

⑨ 馬蹄形にとったオーバーの髪を25ミリのアイロンで巻く。中間〜毛先に施し、毛流れとカール感をつける。

⑩ オーバーの表面にブラシを入れ、毛流れを整えながら、頭の丸みに合わせてシェープ。後方に毛流れを整える。

⑪ トップの毛流れをクリップで仮留めし、サイド表面の毛流れを整えつつ、サイドとトップの毛流れを一体化。

⑫ トップの毛先も7で土台上部につくったループの上に重ねる。毛先を内側に入れ、8の毛先となじませる。

FINISH

FRENCH TWIST

DESIGN POINT

夜会巻きの要点は、糸乱れぬ毛流れと、それによって構成されるタイトな面。フォルムの奥行きやウエイト感は技術的な構成によってさまざまだが、「面と毛流れ」の精度が、上品な印象づくりに直結する。

CLASSICAL DESIGN 4
ポンパドール
ハーフアップ風のポンパドール

ポンパドール夫人（1721～1764年）の髪型に由来する、前髪～フロントが少し前にせり出したスタイル。
ここではもともと定義とされていた、
「フェイスライン全体を上げる」スタイルを通してテクニックを解説します。

CHECK POINT

ポンパドール夫人の晩年の髪型が模倣され、広まったスタイル。ボリューム感と美しい面がポイントで、ノーブルなイメージ。

ボリューム感や、つながりを出しつつ髪の方向性を決める逆毛など、仕上がりのフォルムを意識したテクニックが必要。

現在では前髪だけにボリュームを出したスタイルもポンパドールと呼ばれることが多い。

TECHNIQUE PROCESS

1. カーラーを用いるほど髪に弾力を出す必要がないため、35ミリのアイロンで仕込み。顔まわり全体を根元巻きに。

2. トップはリバース、サイドは上向きに巻いた後、バックのアンダー（おろす部分）にもカールをつけておく。

3. アイロンで仕込んだ後、しっかり冷ましてからブラシを通す。全頭をブラッシングし、髪1本1本をほぐす。

4. ゴールデンポイント付近に円形のベース（直径約10センチ）をとり、一束の根をつくる。これが芯になる。

5. 耳後ろから斜めにパートをとり、全頭を上下2段にブロッキング。上のセクションで「ポンパドール」をつくる。

6. 内側になるベース周辺に逆毛を立てる。アップステムで根元に立ち上がりをつけながら、つながりを出す。

7. フェイスライン際まで逆毛を立てる。仕上がりのフォルムを意識し、サイド～顔まわりは頭頂部側に引いて施術。

8. 逆側も6、7と同様に施術後、トップをアメピンで平留め。半円状にピンを打ち、次の工程の土台とする。

9. 8の土台にフロント側を厚めに、バック側を薄めにし、丸く成形したすき毛を固定。ここに周辺の髪をかぶせる。

10. フェイスラインの髪を9のすき毛にかぶせた後、センターからサイドに向け、表面の毛流れを順次整えていく。

11. コームのテールを使い、フロントセンター付近のフォルムの高さを調整。毛流れをくずさないように高さを出す。

12. 表面を整えた後、10、11の毛先は4のテールと合わせて丸め、ピンで固定。バックのアンダーはそのままおろす。

FINISH
POMPADOUR

DESIGN POINT

「ポンパドール」というデザイン自体は、頭の半分程度の髪でつくられる。従って、表面のツヤ感や顔に対するボリューム感はもとより、バックのデザインやレングスとのバランス感にも注意が必要。

CLASSICAL DESIGN 5
リーゼント
シンプルなリーゼントスタイル

ロンドンの「リージェント・ストリート」に由来し、1950年代以降「ロカビリー」の隆盛で認知されたスタイル。
トップのボリューム感が印象的ですが、リーゼントの条件は「サイドシェープ」で、タイトかつクシ目が際立つ毛流れ。
スクエアなシルエットになり、メンズライクなイメージ表現にマッチします。

CHECK POINT

リーゼントの条件である「サイドシェープ」の質が、デザイン全体の質に直結。タイトな毛流れづくりがポイント。

サイド、フロントの毛流れの延長で、バックは毛先をセンターに集め、おさまりの良いシルエットに。

タイトなサイドに合わせ、トップに高さを出すが、毛先に遊びが出ないようにセットし、シルエットをスクエアに整える。

TECHNIQUE PROCESS

CUT BASE

カットスタイルはセイムレイヤーベース。レイヤーをすべてつなげながら、フロント〜顔まわりに長さを残し、オフザフェイスの顔まわりや、スクエアなシルエットをつくりやすくする。

①　全頭にセットローションを塗布後、スケルトンブラシでブロー。まずはサイドを斜め上にとかし、根元を起こす。

②　顔まわり〜フロントは、中間を少し折るような感覚でブロー。根元をしっかり立ち上げながらブラシを通す。

③　前髪の生え際付近には細いロールブラシを使用。逆巻きしながら熱をあて、根元をしっかり立ち上げる。

④　前髪〜フロントの根元を立ち上げたら、25ミリのアイロンで巻き、毛先にまでしっかりカールをつける。

⑤　左フロント〜トップを4と同様に施術後、逆側も同様に施術。根元を立ち上げたら、毛先までカールをつける。

⑥　トップ〜バックはスライスを徐々に斜めにしていき、フロントと同様、リバース方向に毛先までカールをつける。

⑦　逆側も6と同様、毛先側をセンターに集めるように施術したら、ロールブラシで毛流れをなじませ、ならす。

⑧　ウエットグリースを手のひらにたっぷりとり、サイドからなじませる。後方に向け、タイトにシェープ。

⑨　前髪〜フロントも、根元の立ち上がりをつぶさないようにウエットグリースを塗布。少し束感を出す。

⑩　サイドからクシ目をつける。斜め上にコームスルーし、タイトな毛流れに。フロントもコームで毛流れを整える。

FINISH
REGENT STYLE

DESIGN POINT

サイドの毛流れが下がらないようタイトにおさめ、きれいにクシ目をつけることがポイント。かたちのメリハリが強く、スクエアなシルエットになるため、シャープでメンズライクな印象になる。

CLASSICAL DESIGN 6

ページボーイ
ミディアムのページボーイスタイル

中世ヨーロッパ貴族の小姓がしていた、前上がりの内巻きボブが起源で、1930年代のハリウッド女優が好み、流行。
「1度凹んで（くびれて）内巻きになる」シルエットが特徴で、
フロントに複数のくびれをつくることもありますが、アウトラインの内巻きはマスト。

CHECK POINT

フォルム全体の毛流れを大きなウエーブ状に整え、全体のシルエットに大きくくびれが出るようにする。

毛先は内巻きに、カギ状に方向性を整える。またカットラインやウエーブを調整し、アウトラインを前上がりに。

ウエーブ状の部分を含む、表面全体の毛流れが乱れないようにし、ツヤ感が映えるように。

TECHNIQUE PROCESS

1 ホットカーラーで全頭を仕込む。7：3パートをとり、セットローションをなじませてから内側に巻きおろす。

2 仕上がり時のアウトラインとなるネープ周辺のみ逆巻き。毛先にしっかりとしたカールをつけておく。

3 カーラーをはずした後、根元から毛先まで全体にブラシを通してから、ツヤが出るクリームをなじませる。

4 フロントから施術。ヘビーサイドからパネルをとり、内側の根元中心に逆毛を立て、つながりをつける。

5 フロントの内側を4と同様に施術後、サイドも内側に軽く逆毛を立て、つなげやすくしておく。

6 顔まわりにウエーブをつくる。逆毛のつながりを生かし、前髪を立ち上げ、表面を整えながらウエーブ状に成形。

7 ウエーブのくびれをクリップで仮留めし、毛先側に移行。粗歯コームで内側に逆毛を立て、つながりを出す。

8 7の毛先を内巻きに成形。逆毛のつながりを生かし、表面に浅くコームを通しながら毛先を内側に方向づける。

9 ライトサイドも4～8と同様に施術。ヘビーサイドの「くびれの高さ」に合わせ、毛流れをウエーブ状に成形。

10 サイドが終了したら、バックのくびれづくりに移行。まずは表面の中間～毛先にブラシを通し、毛流れを整える。

11 両サイドと「くびれの高さ」を合わせた状態で、内側の中間～毛先中心に逆毛を立て、つながりをつける。

12 表面の毛流れをならしつつ、毛先を内巻きに成形。逆毛を足しながら表面の毛流れを整え、毛先を方向づける。

FINISH
PAGE BOY STYLE

DESIGN POINT
ウェーブ状の毛流れやくびれの際立つシルエットなど、ほとんどのデザイン要素が女性的であり、フェミニンかつエレガントな全体像になる。くびれの高さやウエーブの抑揚を合わせることが、質を高める要点。

CLASSICAL DESIGN / OTHERS

応用範囲の広いクラシカルデザイン

本章の最後に、ここまで解説してきた6つのデザイン以外で、特に応用範囲が広い古典的造形を紹介。
「作品」のベーススタイルやディテール、パーツなどとして、
さまざまな表現につながる4つのクラシカルデザインを再確認してください。

OTHER DESIGN 1
ポニーテール

OTHER DESIGN 2
フィンガーウエーブ

一束に結び、テールをおろすというシンプルなスタイル。結び目の位置や、テールをどうデザインするかで表現の幅が広がる。面の美しさとゆるみない毛流れが仕上がりの質に直結するため、とかす、結ぶといった基本技術の精度が仕上がりの質を左右する。

国家試験など、美容師なら誰もが通るスタイル。指とコームでつくるウエーブスタイルで、クセの強い欧米人の髪をベースに考えられており、直毛の場合はパーマをかけるとつくりやすい。1920年代風など、クラシカルなイメージを表現しやすいデザイン。

OTHER DESIGN 3
編み込み

写真は表三つ編み込みの編みおろし。四つ編み、かご編み、フィッシュボーンなど、編み方次第でバリエーションが広がる。また編み目の表情や崩しなどの構成次第でキュート感、若々しさ、フォークロア、民族調など、幅広いイメージ表現が可能。

OTHER DESIGN 4
マッシュルームボブ

1960年代、シザーズカットの勃興で広がったスタイル。その名の通り、前上がりで「マッシュルーム状」につながるラインが基本となるが、レイヤーとの組み合わせ、アウトラインの角度、レングス、角の設定次第で、非常に幅広いデザインに落とし込まれる。

CHAPTER

3

バランスの美学

ヘアデザインの成否に大きく関わるのが「バランス」。
クリエイションの質を高めていく上で、この「バランス」に対する審美眼や、
それをコントロールするテクニックは重要な意味を持ちます。
本章では、バランスを知り、使いこなすための視点を整理。

バランスの構成要素と性質

「バランス」は、ヘアデザインの良し悪しの判断に大きく影響します。
では、このバランスとはどんなもので、どうやって形成されているのでしょうか。
まずは「バランス」の根幹となる「構成要素」と、それぞれのタイプについて言及していきます。

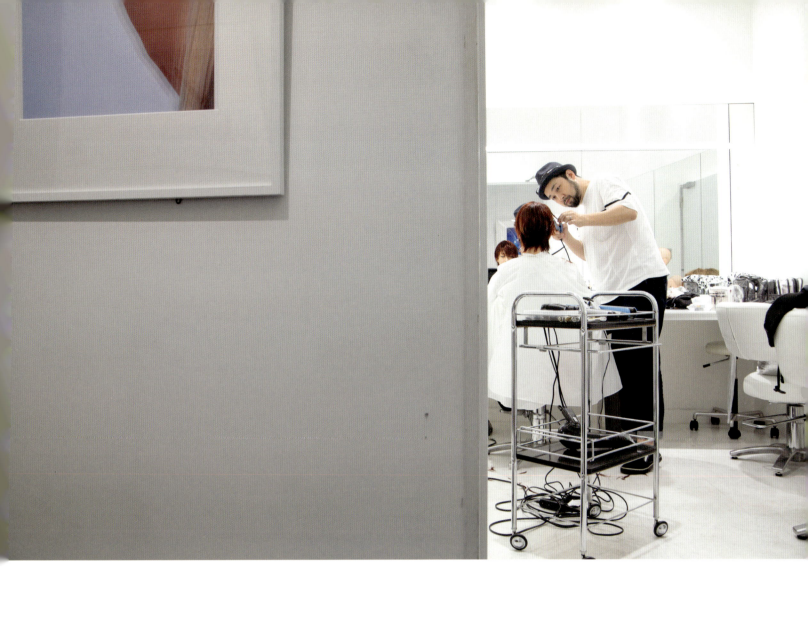

バランスは「質」に直結する

1つのヘアスタイルを目にしたとき、見た人はそのデザインを構成する線、かたちの形状、質感や素材の表情など、あらゆる要素に対して「バランスが良い、バランスが悪い」という感想を持つ。他方、つくり手はさまざまなバランスを常に意識し、1つのスタイルをつくり上げていくはずだ。このように、デザインをとりまくあらゆる瞬間に「バランス」は表れ、それは仕上がった作品に対する評価を大きく左右する。つまりデザインの質を上げるには、より美しいバランスを形成する必要があるといえ、そのためにはバランスを見極め、つくり分ける力が求められる。そして、その力を高めていく上での出発点が、バランスのしくみや性質を知ること。次のページからは、ヘアデザインにおけるバランスについて解剖。ヘアデザインに対する審美眼と、デザイン力を高める視点を解説する。

「バランス」とは何か？

あらゆるものに存在する「バランス」。
ヘアデザインにおけるバランスとは、何によって生じ、どんな性質を持つのでしょうか。
まずはそこから考えていきます。

バランスが生じる過程

CHAPTER 2でもふれたように、ヘアデザインはさまざまな要素の集合体でもある。この「要素」が構成される過程で生じるのが「バランス」だと考えられる。

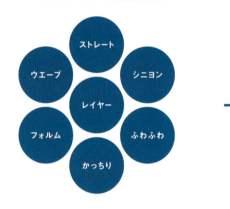

ヘアデザインの構成要素

ヘアスタイル

複数の「要素」が構成され、
ヘアスタイルが成立する。
この「構成」によって
さまざまな「バランス」が生じる。

バランスの正体
〜コントラストとハーモニー

CHAPTER 2で言及したように、ヘアスタイルとは「線とかたち」によってデザインのベースが形成され、さらに「質感と素材」が両者のイメージ形成に大きく影響する。こうしたさまざまな要素が、たとえば「直線と曲線」のように2つ以上組み合わせられると、そこには「コントラスト」と「ハーモニー」が発生し、同時にバランスが生じる。つまりバランスの正体（の一部）が、あらゆる要素におけるコントラストとハーモニーであり、これこそがヘアデザインのイメージ形成を決定づけている。

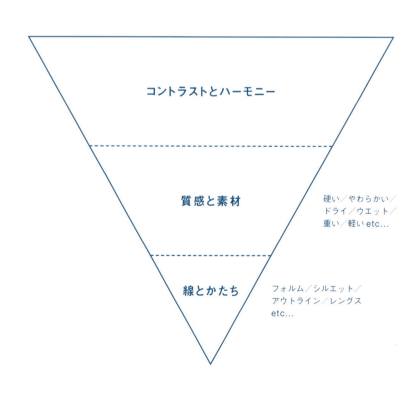

コントラスト＝強い／ハーモニー＝弱い？

コントラストは「対比」、ハーモニーは「調和」を意味し、ヘアデザインは対比する要素、または調和する要素の集合体だと考えられる。また多くの場合、かたち、色、質感などの「コントラスト」と「ハーモニー」が、ヘアデザインのバランスを形成。さらにはそのデザインの印象を決定づけている。

なお、「デザインをバランスよく構成」していくためには、両者の関係性を理解しながら「調和」の中に「対比」というスパイスを、どの程度、どうやって加えていくかがカギになる。

コントラスト

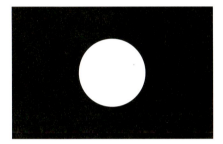

メリハリが効いて、はっきりしている。

ハーモニー

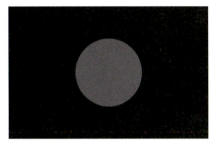

2つの色がなじみ、一体化して見える。

黒の中に白があるとはっきりと見え、黒の中にグレーがあるとなじんで見える。ヘアデザインにおけるコントラスト、ハーモニーにも同じことがいえる。

コントラストが強いデザイン

コントラストが弱いデザイン

コントラストが強い構成のデザインは、印象が強く、インパクトがある。一方コントラストが弱いと印象が弱く、落ち着いて見えることが多い。

コントラストが強い配色

コントラストが弱い配色

基本的に、コントラストが強ければ全体の印象も強くなり、逆だと弱くなる。ただし、たとえば白と黒はメリハリはあるものの、モノトーンのため落ち着きが出る。その一方、赤とオレンジだと色そのものの印象が強いため、デザイン（配色）の印象が弱くなることはない。つまりコントラストの強弱だけで、デザイン性の強弱が決まるわけではなく、要素自体の性質もまた、デザイン全体のバランスに大きく影響するのだ。

さまざまなコントラストとハーモニー

このページでは、ヘアデザインのバランスと密接な関係を持つ
「コントラストとハーモニー」について、
「かたち」「質感」「色」の3つの切り口で解説。
まずは「コントラストとハーモニー」とは、
どういう状態を意味するのかについて見ていきます。

かたち

フォルムの大×小

ほぼ同じ形状のかたちでも、そのサイズを極端に変えるとコントラストが強くなる。またサイズに大小をつけながら、片方の形状を変えるとコントラストはさらにアップ。

コントラストがある状態

コントラストをつけると、印象の異なる要素が互いを引き立て合うため、デザインにメリハリが出る（ウエットはよりウエットに、ドライはよりドライに見える）。またデザインのインパクトが増すため、強い印象をつくりやすい。

ハーモニーを感じさせる状態

ハーモニーを感じさせる状態は、やさしい印象や安定感が強くなる。また、イメージ的に強さを出しにくく、印象をやわらげる効果が大きい。リンク感やコーディネイト次第で洗練された印象を与えることも可能だが、センスが問われる。

ほぼ同じ形状・サイズ感

ほぼ同じ形状で、なおかつサイズ感がほぼ同じ状態だと統一感が出る。ヘアデザインに置き換えて考えると、全体的に安定感のある、落ち着いた雰囲気につなげやすい。

| 質 感 | 色 |

ウエット×ドライ

同じ量感の毛束を、ウエットグリースとワッフルアイロンで仕上げた状態。質感が真逆になるとコントラストが上がってメリハリが増し、硬さや重さの印象が大きく変わる。

ブラック×ホワイト

同じ形状、質感でも、明度を極端に変えるとコントラストが増し、メリハリを感じさせる。この状態をヘアデザインに落とし込むと、ハードな印象でインパクトが強くなる。

ストレート毛と細かいウエーブ毛

ストレート毛に、細かくウエーブをつけた毛をミックスした状態。髪1本1本の質感は異なるが、形状のコントラストが小さければハーモニーを感じさせ、やわらかい印象が強くなる。

明度差を小さくして構成

同じ色あいで、明度差を少しつけた毛をミックスした状態。明度差を小さくグラデーション状にすると、ハーモニーを感じさせ、硬くなりやすい「面」をやわらかく見せてくれる。

顔と髪のバランス
〜インナーラインとアウターライン

続いては、顔とヘアとのバランス、つまり「似合わせ」の根幹となる項目をピックアップ。
「その人に対してバランスがいい」ヘアデザインをつくるため、
まずは着目すべきポイントから解説していきます。

STEP 1
基準値となる「顔と髪の標準的なバランス」

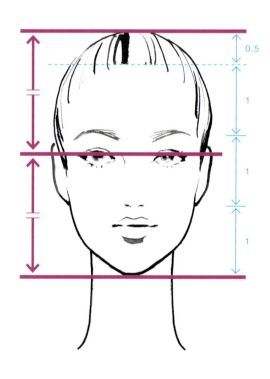

目の位置の比率
頭頂部〜黒目：黒目〜あご先＝1：1

パーツの比率
頭頂部〜額の生え際：額の生え際〜眉：
眉〜鼻下：鼻下〜あご先＝0.5：1：1：1

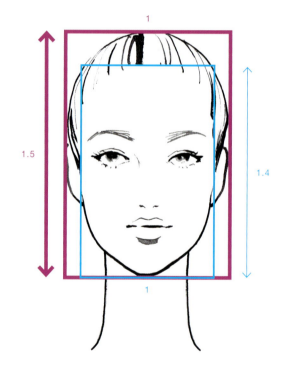

頭の比率
頭幅：頭頂部〜あご先＝1：1.5

顔の比率
顔幅：額の生え際〜あご先＝1：1.4

一般的に、上の比率が「標準的な顔立ち」とされ、この比率に近づくほど美しさが増すといわれている。つまり、ヘアをデザインする際は、顔立ちの見た目をこの比率に近づけることで、その人をより美しく見せることが可能ということ。もちろん「顔の特定の部分を強調する」といったアプローチでその人の魅力を際立てたり、より個性的に見せるケースもある。しかし「標準的な顔立ち」をデザイン設計時の「判断基準」にしておけば、スタイルづくりの「迷い」をかなり軽減することができる。

STEP 2
インナーラインとアウターラインを見極める

ヘアスタイルをバランスよくフィットさせるために、特に着目するべきポイントが「インナーライン」と「アウターライン」の2つ。この2つの線をつくるデザインは、ヘアスタイルのフィット感やイメージに直結し、「似合わせ」にも大きく影響。また、それぞれのラインを起点にすれば、効率的にデザインのバリエーションを広げることもできる。

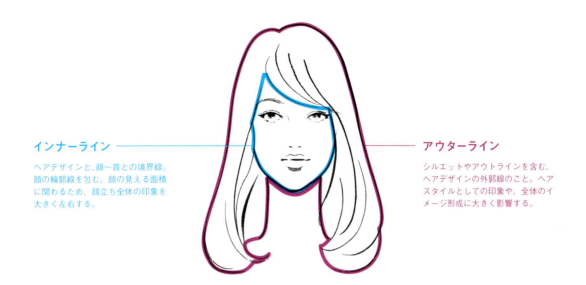

インナーライン
ヘアデザインと、顔〜首との境界線。顔の輪郭線を包む。顔の見える面積に関わるため、顔立ち全体の印象を大きく左右する。

アウターライン
シルエットやアウトラインを含む、ヘアデザインの外郭線のこと。ヘアスタイルとしての印象や、全体のイメージ形成に大きく影響する。

インナー&アウターラインの活用法
〜デザインの幅を広げる起点に

CASE 1
**アウターラインを固定して
インナーラインのみ変える**

ヘアスタイルのシルエットは変えず、前髪〜顔まわりのデザインをチェンジ。フォルムのフィット感やレングスはキープし、全体のイメージを大きく変えないようにしながら、ヘアのデザインを変えたい場合に有効。

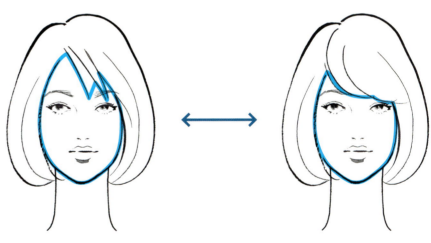

CASE 2
**インナーラインを固定して
アウターラインのみ変える**

前髪や顔まわりのデザインは変えず、アウトラインのレングスやフォルムの形状をチェンジ。顔まわりのフィット感をキープし、顔の見せ方・見え方を変えないようにしながら、全体の印象を大きく変えたい場合に有効。

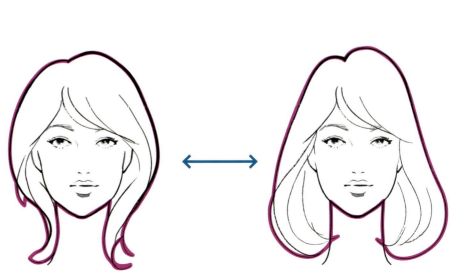

STEP 3
前髪の設定とインナーラインの変化

このページでは、目指すイメージの表現や、ヘアスタイルの似合わせに大きく関わる
「インナーライン」のデザインと、印象の変化の関係について検証。
前髪の長さや切り口、パートの設定などで、
具体的に何が変わるのかをしっかり認識しておくことが、クリエイションの成功につながる。

前髪の長さ／
見た目の顔の長さに影響

毛先に厚みのある前髪をつくると、額の上下が短く見えるようになり、インナーラインが小さく、横長になる。なお、前髪の長さと顔の長さの見え方は反比例する。また前髪の長さを眉よりも短く設定すると、一般的に幼く見えるようになる。

耳の見え方／
インナーライン＝肌の面積

耳を出すヘアデザインの場合、インナーラインには耳も含まれる。耳を出すと肌の面積が広がるため、インナーラインは大きくなる。なお片耳だけ出し、アシンメトリーなデザインにすると、重さやかたち全体のバランスを調整することもできる。

前髪の分け方／
目の錯覚で印象が変わる

パートをつくって前髪を流すと、顔の肌の見え方が縦長になり、顔自体の見え方も縦長になる。サイドパートの前髪だとその傾向が強くなるが、センターパートにするとヘアデザインがシンメトリーになり、顔自体（パーツの位置）が強調されるようになる。

前髪の切り口／
印象の硬・軟に影響する

同じ長さの前髪でも、毛先の切り口や厚みによって、見え方が大きく変わる。ブラントカットしたような、直線的な毛先にすると、顔の輪郭や顔立ち自体が強調される。それに対し、前髪の毛先を不揃いにすると、顔立ちの印象がやわらかくぼかされる。

イメージのバランスを高める
〜ベストマッチング理論

どんなヘアスタイルにすれば、どんな女性像につながるか……
それをチャート化したのが、右ページで紹介する「ベストマッチング理論」のイメージマップです。
さまざまな要素をバランスよく積み重ね、最終的にヘアデザインと目指すイメージを
バランスよく成立させることが、クリエイションの絶対的な要です。

デザインが「フィットする」ということ

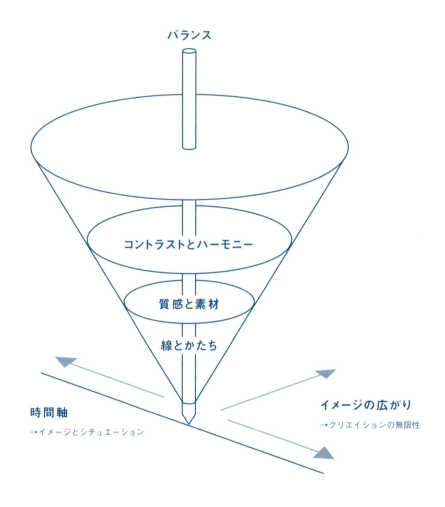

ヘアデザインの構成は、上の図のように「コマをまわす」ことをイメージすると理解しやすい。髪の「線とかたち」という土台の上に、より複雑な要素が絡み合う「質感と素材」、さらには「コントラストとハーモニー」が重なって成立する。そして、それらの重なりを貫くのが「バランス」という軸。このバランスがしっかりとれていれば、「コマ」を上手くまわすことが可能だ。

「コマ」をまわすのは、イメージやシチュエーションなど、さまざまな性質を持った地面の上。その地面がどんな土壌でも「バランス」さえとれていれば、コマはきれいにまわる。逆に「バランス」という軸があやふやだと、どんな土壌でもコマはまわらない。ヘアデザインが「人にフィットしている」ということ

は、この「コマ」がねらった場所でしっかりまわっていることを意味する。表現したい女性像やイメージ、ふさわしいシチュエーションにおいて、髪をバランスよく見せられているか……これを判断する上で参考になるのが、ヘアデザインと女性像の関係をチャート化した、右ページで紹介する「ベストマッチング理論」のイメージマップだ。

イメージマップ～ヘアデザインとイメージのバランス

「ベストマッチング理論」のイメージマップは、「どんな髪型がどんな女性像につながるか」について、その関係性を判断するための指標。複雑なヘアデザインやファッションとの関係が生じた場合、このロジックがそのまま適用できないケースもあるが、こうした「基準」を知っておけば、ヘアをデザインする際の迷いがなくなる。

子どもっぽい

表現の例（フレッシュ）
・インナーラインは前髪を軽くおろし、顔型を丸く見せる。
・アウターラインを逆三角形のシルエットにし、すっきりと見せる。
・毛先を外ハネにすることで、活発なイメージに。

表現の例（キュート）
・インナーラインは前髪をおろし、顔型を丸く見せる。
・アウターラインも丸みのあるシルエットに。

・ボーイッシュなイメージ
・軽やかなヘアデザイン
・エアリーでウエイトの高いデザインが代表的

フレッシュ

キュート

・ガーリーなイメージ
・丸みのあるヘアデザイン
・横長のシルエットで、左右対称のデザインが代表的

直線的 ←　　　　　　　　　　　　　　　　　　　　→ 曲線的

・マニッシュでシャープなイメージ
・硬い質感のヘアデザイン
・ストレートタッチのショートスタイルが代表的

クール

フェミニン

・女性らしく、やさしいイメージ
・やわらかいヘアデザイン
・ロングのウエーブスタイルが代表的

表現の例（クール）
・インナーラインは前髪を斜めにおろし、顔型を縦長に見せる。
・ストレートタッチでフイン感を強調し、シャープなイメージに。

表現の例（フェミニン）
・インナーラインは前髪を斜めにおろし、顔型をやや縦長に見せる。
・アウターラインはレングスを長めに設定し、縦のラインを強調する。
・毛先は内巻きにし、ソフトなイメージに。

大人っぽい

デザインのバランスを高めるイメージワードのバリエーション

ここで挙げるワードは、ヘアをデザインする際、または写真表現を含めたクリエイションで、女性像や仕上がりのイメージを表す言葉、もしくは表現のテーマとして頻繁(ひんぱん)に使われるもの。作品を目にした人に、制作側の意図が伝わる表現を実現するためには、これらのワードが示す一般的な意味やイメージ、または連想される具体的なデザイン要素を整理・把握しておく必要がある。作品全体のイメージや女性像をバランスよく表現する上で、これら1つひとつを説明できるよう、イメージ力、発想力をトレーニングすることも大切。

イメージマップの4つのゾーン

- フレッシュ
- キュート
- クール
- フェミニン

男性的なイメージ

- マニッシュ
- ボーイッシュ
- ダンディ
- ニヒル
- マスキュリン

女性的なイメージ

- ガーリー
- セクシー
- スウィート
- グラマラス
- ラブリー
- コケティッシュ（小悪魔風の）
- センシュアル（官能的な）
- プリティ
- フェアリー
- エロティック
- ハリウッド風（女優のような）
- ドーリー
- エレガント
- ロマンティック

どちらかというと女性的なイメージ

- イノセント
- セレブリティ
- ソフィスティケート（洗練された）
- コンサバティブ
- チアフル（快活な）
- チャーミング
- ブルジョワ
- スポーティ
- ユニセックス
- ファニー

より感覚的なワード

- スペーシー
- ハード
- ソフト
- グラフィカル
- スタイリッシュ
- スマート
- コミカル
- ナチュラル
- ウォーム
- ラグジュアリー
- カジュアル
- アンニュイ
- ヤング
- リッチ
- クリーン
- ゴージャス
- ドラマティック
- アグレッシブ
- シック
- デカダンス
- ノーブル（高貴な）
- ピュア
- アダルト
- ワイルド
- アヴァンギャルド

具体的なモチーフを持つワード

- ロック
- ポップ
- グランジ
- ストリート
- ミリタリー
- ファンタジー
- リゾート
- トロピカル
- アジアン
- フォークロア
- エスニック
- ファンキー
- パンク
- ボヘミアン
- アフリカン
- ヌーディ
- オリエンタル
- サイバー
- テクノ
- ゴシック
- サイケデリック
- モッズ

時代や時間を映すワード

- ヒッピー
- ノスタルジック
- ヴィクトリアン
- フューチャー
- モガ・モボ
- アンティーク
- ロココ
- クラシック
- ビンテージ
- アール・デコ
- レトロ
- '50s
- '60s
- '70s
- '80s
- アール・ヌーボー
- ウエスタン
- モダン

バランスの正解と不正解

「バランス」には、見た目に美しい状態と、そうとは言い難い状態とが存在します。
美しいか否か、その境目はどこにあり、また美しいと感じさせるためには何が必要なのでしょうか?
ここからは、そうした「バランスを成功に導く」ポイントを掘り下げます。

クリエイションの質を高めていくには、まずは美しいバランスを見出し、それに基づきデザインを組み立てていく力が必要となる。またクリエイションの現場では、瞬間的にさまざまな要素のバランスを見極め、より美しい状態を提示していかなければならない。そうしたスキルの下地となるのが本章の前半で解説した項目であり、また一般的に美しさの基準とされる「黄金比」などだが、ここからはより直感的・感覚的なアプローチ力を高めるため、「作品」を構成する大きな要素となる「ヘアデザイン」「メイク」「コスチューム」に着目。それぞれのバランスと、そのコントロール方法について言及していく。

バランス操作の感覚を鍛える

検証1 ヘアデザインのバランス

まずは「ヘアデザインそのもの」のバランスについて見ていきます。
検証のサンプルとするのは、リーゼント系のメンズライクなセットスタイル。
フォルムや質感の「バランス」がどう設計されているのかから解説していきます。

コントラストとハーモニーを使い分ける

ここでサンプルとするスタイルは、高さを出したフォルムとスクエアなシルエット、さらにおくれ毛を加えたデザイン設計が特徴。かたちのコントラストが目を引く、強いイメージを出しやすいデザインだが、さまざまなポイントでハーモニーを意識し、かたち、質感、重量感などのバランスをとることで、1つのヘアスタイルとして成立させている。

デザイン構成のポイント

サイドはタイトでツヤやかに仕上げつつ、トップ〜フロントはアウターラインに束感やすき間をつくり、軽さをプラス。大きくつくったトップ〜フロントのフォルムは、サイドと同じ質感にすると重くなり過ぎてしまうため、コントラストの強いかたちに対し、重量感にはハーモニーを感じさせる構成に。

フォルム自体はタイトなサイドと高さのあるフロントの、コントラストの強いかたち。このフォルムだけでスタイルにすると、頭が大きく、首が太く見える可能性がある。さらにメイクがナチュラルで、下側にポイントが多くないため、曲線的なおくれ毛をつくることで女性らしさをプラス。さらにモデルとの一体感をねらっている。

シルエットのサイズ感を、「顔の幅：あご先〜ヘアの高さ =1：1.7」程度のバランスに設定。「髪を含む標準的な頭の比率」である「1：1.5」を基準に、そこからヘアデザインへ発展させる際、大きく逸脱してバランスを崩さないような配慮が必要（「頭の幅：あご先〜ヘアの高さ =1：2」を超えてしまうと、ヘアがかなり長く見えてしまう）。

検証2 ヘアデザインとメイクアップのバランス

続いては、ヘアスタイルはP92のまま、メンズライクなリーゼントスタイルをキープし、
メイクアップのみ変えた状態のバランスと、そのイメージ的な変化について検証します。
なお、プラスするメイクアップの要素は「リップ」だけにします。

最小限のアプローチでフェミニン度を高める

「検証1」からの変更点は「リップ」のみ。追加した要素は最小限だが、女性像の見え方が大きく変化。モデルはもちろん、ヘアデザインのディテールといった、物理的なバランスに変化はないものの、女性像はフェミニンな印象に大きく変わっている。

肌、アイメイク、アイブロー、リップともにナチュラルなメイクアップ。素肌感重視の仕上がり。

ヘアスタイルはそのままに、リップのみ赤みを強めた状態。その他のメイクアップは一切変えていない。

デザイン構成のポイント

メンズライクな「検証1」のスタイルで、女性らしさを出すポイントは「曲線的なおくれ毛」くらいだったが、赤みの強いリップを加えただけでフェミニン感がアップ。なお、やや面長で直線的な目、鼻といった、全体的にシャープな顔立ちに対し、ふっくらとして女性的な唇に色を加えたことも、女性らしさを高めた秘訣。ただしコントラストは増したため、強いイメージはキープされている。

検証3 ヘア&メイク＋コスチュームのバランス①

次は「肩脱ぎ」だったここまでの作品に、コスチュームを合わせる際に必要となる、
各種バランスの着目ポイントについて解説。まずはヘア&メイクのデザイン的な特性を生かしながら、
シックなイメージを構成していくための要点を整理します。

ヘア&メイクのディテールに合わせて衣装をチョイス

ヘア&メイクアップは「検証2」のままで、シックなイメージへと方向づけられるよう、コスチュームをチョイス。衣装を決めるポイントは、ヘアとメイクの「構成要素のミニマムさ」とどのようにバランスをとるか、また「女性らしさ」をどう演出するかになる。

ヘア&メイクは「検証2」の状態をキープ。メンズライクな全体像だが、フェミニンな印象を感じさせる構成。

ヘア&メイク起点で考える バランス構成のポイント

POINT 1
強さや女性らしさはあるが、シンプルな構成のヘア&メイクに対し、衣装はシルエットが大きめで、ディテール感のあるものに。

POINT 2
衣装の存在感が大きくなり過ぎたり、重い印象にならないよう、透け感のある素材で、なおかつ女性らしいデザインのものをチョイス。

POINT 3
ヘア&メイクアップが全体的にすっきりとした仕上がりなので、衣装はにぎやかなディテールのものに。「要素が少ないヘア&メイク」に「要素が多い衣装」を組み合わせ、全体のディテール感のバランスをとっている。

検証4 ヘア&メイク+コスチュームのバランス②

最後の検証は、「検証3」とは全く雰囲気の異なるコスチュームを合わせるケース。
前ページのようにヘア&メイクを起点に衣装をチョイスするのではなく、
この衣装が優先で、ヘア&メイクのディテールを調整するアプローチについて解説します。

衣装のデザインに合わせてヘア&メイクを"おさえる"

ここでは「このコスチュームを使いたい」というケースを想定。ヘア&メイクのデザインは「検証2、3」の状態をベースにし、コスチュームのシルエットや色、デザインのディテールに合わせ、バランスをとる上で必要な着目点や、考え方などを紹介する。

ヘア&メイクは「検証2、3」の状態をベースにする。特徴的だったトップ〜フロントのフォルムはおさえ、シルエットをコンパクトに。またメイクはリップのみをピンク系のナチュラルな色あいにチェンジ。

コスチューム起点で考える バランス構成のポイント

POINT 1

シャープなラインとシルエットの衣装に対し、ヘアがそのままだと頭が大きく見えてしまい、バランスが崩れるため、フォルムの高さを少しおさえてコンパクトなシルエットに。

POINT 2

ハイコントラストなモノトーンの配色、直線的なディテールの衣装との調和を図ってコンパクトにしたヘアのシルエットに、束感をプラス。衣装とヘアのフォルムのサイズ的なバランスと、それによるミニマムな全体像にフィットさせつつ印象がぼけないよう、ヘアをソリッドな質感に転換。

POINT 3

デザイン的なディテールが少ないコスチュームと、ミニマムなフォルムのヘアとの組み合わせをふまえると、女性的な赤リップはミスマッチになる(同じシルエットの衣装でも、色柄などがにぎやかなドレス系だとマッチしやすい)。ミニマムなヘアと衣装のシルエットの中に、赤リップでコントラストを加えるよりは、調和を図ってナチュラルなカラーに変えるほうがベター。

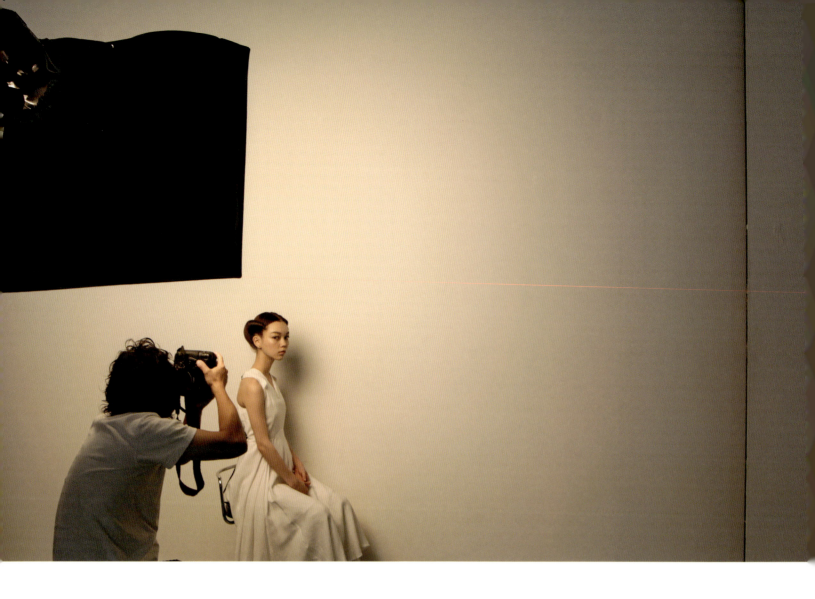

「崩し」という方法論

デザインを構成する要素がバランスよく組み立てらていること。
それが「美しいデザイン」の前提だといえますが、
ヘアデザインの構成法には「崩す」という考え方も存在します。
ここからは、髪という特異な素材だからこそできる「崩し」にふれていきます。

「崩す」ことの根幹を理解する

デザイン表現のポイントとして、「崩し」というワードはよく聞かれる。実際「崩す」という考え方は、ヘアデザインの幅を広げ、さまざまなイメージの表現を可能にしてくれる。ただし「崩した」と「崩れた」は根本的に違うことを認識しておこう。下にまとめたように、「崩す」対象や方法を意識、理解することが、効率的に「美しく崩す」ことを可能にする。また、表現を広げる「崩し」には、美しいバランスを持つベーススタイル、つまり「王道のデザイン」が存在し、それがあるからこそ美しさの担保が可能になるとも考えられる。つまりベースとする「王道スタイル」の造形的、技術的な特性をしっかり理解してこそ「崩し」が映えるといえるのだ。次のページからは、ベースとなる「王道スタイル」を設定、紹介した上で、「崩す」テクニックについて解説していく。

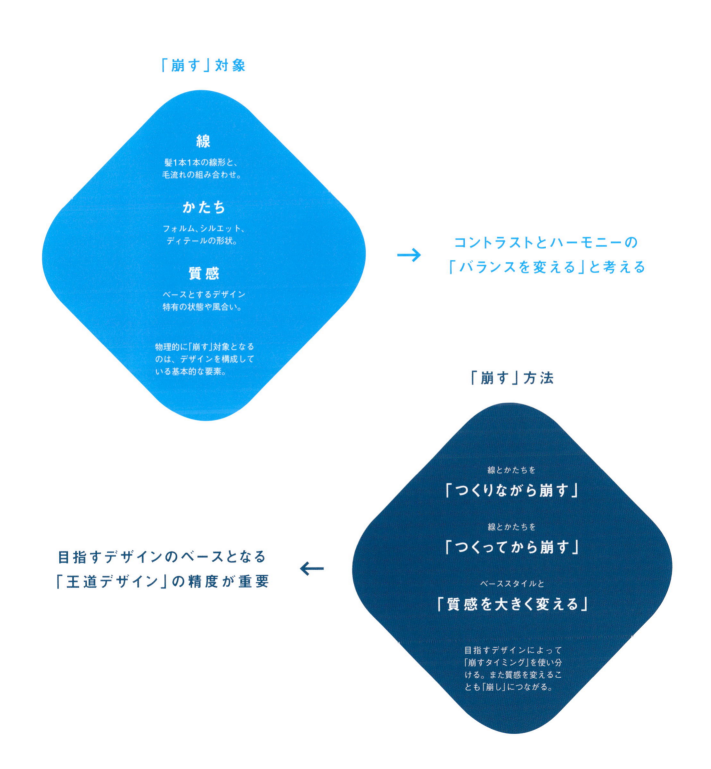

「崩す」対象

線
髪1本1本の線形と、毛流れの組み合わせ。

かたち
フォルム、シルエット、ディテールの形状。

質感
ベースとするデザイン特有の状態や風合い。

物理的に「崩す」対象となるのは、デザインを構成している基本的な要素。

→ コントラストとハーモニーの「バランスを変える」と考える

「崩す」方法

線とかたちを
「つくりながら崩す」

線とかたちを
「つくってから崩す」

ベーススタイルと
「質感を大きく変える」

目指すデザインによって「崩すタイミング」を使い分ける。また質感を変えることも「崩し」につながる。

← 目指すデザインのベースとなる「王道デザイン」の精度が重要

検証　基点となる「王道のデザイン」

まずは「崩し」のベースとなる、クラシカルな「王道のデザイン」を解説。
ここでピックアップする「王道のデザイン」は、抑揚をつけたロールアップスタイル。
1940年代に多く見られ、当時の上流階級の若い女性に好まれたデザインで、
シンプルかつミニマムな構成ながら、上品さやかわいらしさを感じさせるスタイルです。

ベースとする王道デザイン
「ロールアップ」の要点

シンメトリーなシルエットが特徴的。表面になる部分はすべてきれいに毛流れを整え、硬質で光沢のある「面」を強調。際立つツヤ感が、上品なイメージにつながる。

センターパートかつタイトな構成なので、落ち着いたイメージになりそうだが、バックの上昇する毛流れと、左右に張り出したフォルムが若々しさの源になっている。

トップ〜フロントの下降する毛流れと、サイド〜バックの上昇する毛流れに一体感を出し、タイトかつコンパクトに構成。

バックのフォルムのウエイトを、骨格が最も張り出しているバックポイントの高さに設定し、頭の丸みをきれいに見せている。

1つのロールのサイドを小さく、バックは大きめにした「ロールアップ」のベーシックデザイン。ロールの太さを自然に変えながら、頭の丸みに沿わせ、曲線的に配置。

検証　王道を基点とした「崩し」のデザイン

続いては、前ページの「王道のデザイン」をベースに、「崩し」を加えた仕上がりを解説。
テクニックの詳細にも言及しつつ、スタイルのどの部分をどんなアプローチで崩したか、
また崩すことによってデザイン、イメージの何が変わったかなどについて整理していきます。

各種バランスに変化をつけた
「王道ロールアップ＋崩し」の要点

トップ〜フロントは下降、サイドバックは上昇の毛流れという構成は「王道」と同じ。ただしツヤ感重視だったロールの表面を崩し、やわらかい質感を出して軽さをプラス。シルエットは「王道」より大きくするが、軽さやラフな動きをつくることで、量感のバランスを調整。

センターパートの「王道デザイン」に対し、こちらはサイドパートで構成。ロールのサイズが非対称になるように設計し、アシンメトリーなバランスに転換。

清楚、上品、キュートなイメージの強い「王道」に対し、軽い質感や動き、アシンメトリーなバランスによって、活発な印象を加えている。

躍動的に仕上げたヘアに合わせ、衣装もチェンジ。「王道」ではシンプルで上品な雰囲気にまとめていたが、「崩し」のデザインでは少しカジュアルダウン。アクセサリーを増やしつつ、ディテールの多い衣装にして、ヘアとの統一感を出している。

「崩し」のテクニック的なアプローチ方法

続いては、「崩し」を加えたデザインの具体的なテクニックを掘り下げます。
スタイルをつくり上げる工程自体はどちらも同じ。
ただし「崩し」を加えたデザインを目指すと、プロセスの要所で「もう一手」が必要になります。

王道のデザイン　　　王道＋崩し

同じワンロールスタイルなので、仕上がりまでのプロセスや、フォルム形状の大まかな傾向、また下降と上昇を組み合わせる毛流れの方向性などは、どちらも変わらない。「王道」と「王道＋崩し」で決定的に違うのは、フォルムのバランスと、全体の質感や重量感。こうした効果を出すために、どのように「崩し」を実践しているか、次のページで解説する。

「王道＋崩し」のテクニックプロセス

ここでは「王道＋崩し」のテクニックプロセスを解説。P101で言及した「つくりながら崩す」「つくってから崩す」「質感を大きく変える」をどう使い分けるかに注目。なお「王道」と「王道＋崩し」のテクニック的な違いは、パートの設定とロールの「崩し」のみ。

崩しPOINT
左右のボリュームを変え、アシンメトリーなバランスに「つくりながら崩す」。

1 毛流れを整え、黒目内側の延長上にパートを設定（「王道」はセンターパート）。表面はこめかみ付近（左は高め）で固定。

2 アメピンを使い、オーバーを平留めで固定。毛流れを整え、1で留めた部分から頭一周分ピニングする。

3 右サイドのピンを留めた付近に、人参型に成形したすき毛をピニング。平留めのピンが隠れるように固定。

4 右のもみあげ〜三ツ衿の髪をすき毛にかぶせる。大きなネジピンで仮留めしながら上げ、面を整えてから固定。

5 逆サイドも3、4と同様に施術。おくれ毛が出ないようにし、コームのテールで毛先を内側にしまい込む。

6 バックの毛先を集め、ブラシを通して毛流れを整える。何度もブラシを通し、ロールの面と質感を合わせる。

7 すき毛は使わず、毛先を丸め、内巻きにしながら上げる。両サイドのロールと高さや大きさをなじませる。

崩しPOINT
フォルムの芯が崩れないよう、毛流れを整えてまとめた面を「つくってから崩す」。

8 両サイドのロールがつながるように、バックのロールを成形後、表面から細かく毛束を引き出して崩す。

9 続けて左サイドのロールも8と同様に崩す。表面の髪をずらすように引き出し、質感とシルエットを調整。

崩しPOINT
毛流れを少しずつずらし、束感を見ながら「質感を大きく変える」。スプレーは崩すたびに使用。

10 バックとサイドのロールがなじむように崩し、束感を調整。崩しながらスプレーを使用し、質感をキープ。

11 右サイドのロールも9、10と同様に崩す。バックのロールとなじむように崩し、束感や質感に統一感を出す。

12 右サイド側のロールも、少しずつ崩しながらスプレーで固定。全体の質感やシルエットを確認しながら施術。

CHAPTER 4

クリエイションのベーススキル

地毛はもちろん、フルウイッグを使いこなすテクニックや、
デザイン発想につながる知識など、クリエイションにはさまざまなスキルが求められます。
本章では、イメージを具体化するためのテクニックと、
イメージ発想を広げる項目について言及します。

「地毛」を生かすクリエイション

「ヘアをデザインする」クリエイションにおいて、最も基本となるのが「地毛でデザインする」ことです。
まずは地毛でデザインする際の要点を、1つ目のベーススキルとしてピックアップ。
「デザインする」「デザインを見せる」ポイントに言及します。

地毛の利点と地毛が生きるアプローチ

デザインをフィットさせやすいこと、そしてフルウイッグでは難しい「生え際を見せる」デザインを設計しやすいこと。この2点が地毛をデザインするクリエイションの利点だといえる。逆にデメリットとしては、つくりたいデザインに対して毛量や長さが足りない、モデルによっては思い通りにカットやパーマ、ヘアカラーができないといった点が挙げられる。カットやパーマを施すことができれば、表現の幅は格段に広くなるものの、この場合は「セット＆アップ」というアプローチに限定される。それでも下で紹介するポイントをしっかりふまえ、また先に挙げた利点を生かしきれば、幅広いイメージや女性像をつくることが可能となる。

POINT 1 生え際の見せ方 → 生え際を思いきって見せられるのが地毛の利点。毛先から根元まで、すべてがデザインの素材となる。

POINT 2 毛量・クセの見極め → 個人差、または同じ人でもセクションによって変わる毛量、クセの特徴を理解することも大切。

POINT 3 前髪と全体の長さの差 → 前髪とアウトライン、またはセニングや間引きなど、どこにどんな長短があるか把握しておく。

POINT 4 髪色ともともとの質感 → スタイリング剤のチョイスなど、質感や量感の表現に直結するため、髪色と、もともとの質感は要確認。

地毛を扱うテクニック

ここからは、前ページのスタイル2点を解剖。
P111でピックアップした「地毛ならでは」の要点をふまえ、
各スタイルのテクニック的なアプローチ方法をひも解いていきます。

DESIGN SAMPLE 1

BOB × SET

BEFORE　　リップラインのシンプルなボブ。モデルの都合でカットはできないため、この状態からセットしていく。

CHECK POINT 1
アウトラインのレングスは、衿足ぎりぎりからリップライン付近の長さで、ほぼ水平ライン。前髪は眉付近の長さで、インナーラインがスクエアに切り込まれている。

CHECK POINT 2
ブリーチ毛のためパサつきやすい。毛量、太さ、硬さはふつう程度でクセはなし。根元は地毛の色が出ているが、全体の髪色はピンク系の18レベル前後で、少しムラがある。

AFTER

もともとのカットを生かし、シルエットの表情や質感などを大きくチェンジ。インナー、アウターラインともに束感と動きをつくってやわらかさを出し、フォルムには高さと奥行きをプラス。シンメトリーなシルエットに仕上げつつ、フレッシュ感とキュート感を高めている。

TECH POINT 1

今回は全頭をアイロンスタイリング。シルエットをふくらませ過ぎず、クセ毛っぽさのある自然な動きや束感をプラス。段のついていないボブは下から巻くとボリュームが出過ぎるため、表面から放射状に、全頭を縦～斜めスライスで巻く。

TECH POINT 2

クセ毛っぽさを出すため、ランダムに外ハネをつくり、コンパクトなシルエットをキープしつつフレッシュ感、キュート感をねらう。また髪がパサつきがちなので、アイロンで出した動きを生かしながら、自然なツヤを出して仕上げる。

SET / TECHNIQUE PROCESS

① 1段目。つむじ中心にパネルをとり、32ミリのアイロンでカールをつける。

② 放射状にスライスを展開。根元に立ち上がりがつかないように巻いていく。

③ 中間からスパイラル気味に巻きつつ、毛先にランダムに外ハネをつくる。

④ バックも放射状（縦～斜めスライス）にパネルをとり、カールをつけていく。

⑤ ハチまわりも同様に巻く。つむじ中心に、ボリュームが出ないように施術。

⑥ 縦～斜めに巻き進める。バックの毛先にも、ランダムに外ハネをつくる。

⑦ 2段目。1段目と同様、縦～斜めにスライスをとってカールをつくる。

⑧ ハチ周辺も同様に施術。ボリュームが出ないように中間～毛先を巻く。

⑨ フロントへと巻き進める。フォワード、リバースと巻く方向もランダムに。

⑩ 前髪に接する部分はスライスを縦寄りにし、ボリュームが出ないように。

⑪ アウトライン周辺も同様に巻く。なお内側には25ミリのアイロンを使用。

⑫ 11で巻いたパネルの毛先を逆巻きし、ランダムに外ハネをつくる。

⑬ 巻く方向や外ハネをつくる部分、つくらない部分をランダムにして施術。

⑭ 全頭を巻き終えたら、髪に潤いを与えるミストを全頭に少量吹きつける。

⑮ ミストをつけたら中間～毛先をクシャッと握り、ラフな風合いに。

⑯ さらに表面から毛束をつまみ、束感、動き、シルエットの高さを整える。

DESIGN SAMPLE 2

LONG
×
UP

BEFORE　前髪は眉下くらいの長さで厚め、アウトラインは肩甲骨付近で毛先にレイヤーが入ったロング。こちらもカットはNG。

CHECK POINT 1

毛量は多めで、髪質はやわらかく細い。髪色は地毛の状態だが、毛先中心に熱などによるダメージが少し感じられる。また、毛先中心に強めにうねるクセがある。

CHECK POINT 2

すそまわりのカットラインはラウンド状。段は低めで間引きやセニングによる長短はほぼ気にならない状態。前髪は眉下の長さで、こめかみ幅程度に、幅広に設定されている。

AFTER

地毛の利点を生かし、顔まわりから衿足まで、生え際をすべて上げたノーブルなアップ。前髪はおくれ毛風にデザイン。ツヤ感、量感を生かして高い位置でまとめ、縦長のシルエットにしつつ、表面を崩してやわらかな束感を出している。

TECH POINT 1

根元～中間と毛先それぞれに、仕上がりをふまえた仕込みを施す。タイトにして上昇方向にまとめる根元にはドライヤー、最終的に内側にしまい込む毛先にはアイロンを使用し、セット＆アップを効率的に行なえるようにしておく。

TECH POINT 2

毛流れをしっかり固定できる髪飾りを使用。地毛のクリエイションならではといえる、生え際をしっかり見せるデザインにしながら、顔まわりにフリンジを残して飾りに。また髪飾りの特性をふまえ、土台やセクションを効率的に設計。

SET & UP / TECHNIQUE PROCESS

1　全頭にブローローションを塗布。髪を熱から保護し、ハリとコシを出す。

2　顔まわりにコームを通し、タイトにブロー。毛流れをリバースに方向づける。

3　ミドルは根元を起こすように持ち上げ、下からドライヤーの風をあてる。

4　ブロー後、32ミリのアイロンを使用し、バックの下から毛先を内巻きに。

5　ミドル、オーバーも4と同様にアイロン施術。毛先を内巻きにクセづける。

6　ゴールデンポイント周辺に丸くベースをとって三つ編みし、丸めて土台に。

7　耳上から斜めスライスでバックを分け、根元から逆毛を立てる。

8　逆毛を立てたバックの生え際からブラシを通し、表面の毛流れを整える。

9　表面の毛流れを整えたら、俵型に成形したすき毛を毛先から巻き込む。

10　すき毛を巻き込んだらロール状に成形。表面を整え、土台にピニング。

11　フロントからとったパネルに逆毛を立て、つながりとボリュームを出す。

12　サイドは斜めスライスからパネルをとり、11と同様に逆毛を立てる。

13　フロント～サイドの表面の毛先を集めて持ち上げ、表面の毛流れを整える。

14　13の毛束に、大きめの俵型に成形したすき毛を巻き込み、土台に固定。

15　前髪の一部をフリンジとして残し、生え際からスプリングコームをつける。

16　スプリングコームをバックで固定後、トップのシニヨンのサイズを調整。

「フルウイッグ」を活用する
クリエイション

「つくりたいデザイン」が明確にあったとしても、モデルの希望やさまざまな条件などで、
その実践が難しい場合があります。そうした際に活用できるのが、フルウイッグ。
ここからは、このフルウイッグを使ったクリエイションのポイントをおさえていきます。

フルウイッグのメリットとデメリット

リアリティにとらわれず、印象の強さを追求したり、地毛では不可能なデザインを志向するクリエイションでは「フルウイッグ」を活用するケースが多い。下に挙げたように、フルウイッグの活用には多くの利点がある。ただ、それを使えば優れたデザインが可能になる、ということは全くない。ある意味「何でもできる」が故に、迷走しやすく、落としどころが見えにくいともいえる。また、モデルへの「似合わせ」はもちろん、ヘアのボリューム感やサイズ感を、顔や頭にしっかりフィットさせることが難関だ。ここからは、そうしたフルウイッグ活用法の基本であり、デザインの成否に関わる「フィット感」を高める方法について精査していく。

POINT 1 自由なデザインの設計が可能 → 「つくりたいデザイン」が明確で、地毛では実践できない場合、フルウイッグが活用できる。

POINT 2 撮影前にある程度の準備が可能 → 撮影時間が限られる場合など、クリエイションの軸となるヘアスタイルを事前に準備しておける。

POINT 3 ヘアスタイルをフィットさせづらい → これが最大の難関。作品の「失敗点」として挙げられることが多い。本項ではこの克服方法を解説する。

POINT 4 ヘアの生え際を見せにくい → 一般的なウイッグでは生え際を見せにくい。また生え際が浮いて見えないようにすることも大切。

フルウイッグをフィットさせる方法

ここからは、自由にデザインしたフルウイッグを、モデルの骨格にしっかり「フィットさせる」テクニックを見ていきます。
フルウイッグを使うクリエイションの初歩、基本であり、
ヘアデザインを成立させる上で難易度の高い「地毛の処理」を中心に解説します。

BEFORE

P116-117と同じ、ロングのモデル。髪質はやわらかいが、毛量が多く、毛先中心にうねるクセが目立つため、フルウイッグでつくるヘアデザインのシルエットがふくらまないよう、しっかりおさえる必要がある。

使用ウイッグ

資生堂トップヘアメイクアップアーティストが監修した「SABFA クリエイティブフルウイッグ」を使用。リアルなフェイスラインや自然な生え際が特徴的な製品。
※ SABFA=Shiseido Academy of Beauty & Fashion

地毛をおさえるアイテム

一般的なフルウイッグ専用のネット。　　ストッキングの腰まわりをカットしたもの。今回はこちらを使用。

通常はフルウイッグに付随するネット（写真左）を使用し、地毛をまとめておさえる。ただし毛量が多いケースなどは、ストッキング（80デニールが最適）の腰まわり部分をカットして使用すると良い（写真右）。今回はロングで毛量が多めのモデルなので、写真右のカットしたストッキングを活用するテクニックを紹介。

TECH PROCESS

続いては、フルウイッグのデザインをモデルにフィットさせる上で欠かせない、地毛をコンパクトにおさめるテクニックを中心に解説。プロセス前半部の成否によって、仕上がりのスタイルが成立するかどうかが決まる。

STEP 1　地毛の処理〜カットしたストッキングをかぶせる

1. 全頭の毛流れを整え、ゴールデンポイントでポニーテールをつくる。
2. カットしたストッキングの片方をモデルに持ってもらい、かぶせる。
3. いったん首まで通す。この後下から髪にかぶせていく。
4. コームのテールを使い、生え際のおくれ毛をすべて内側にしまい込む。

STEP 2　ストッキングを留める

5. かぶせたストッキングは生え際ぎりぎりの位置で、耳を出してキープ。
6. フロントにスモールピンを打つ。頭の丸みに合わせて平行留め。
7. こめかみともみあげは、ストッキングの際から持ち上げるようにピニング。
8. 耳後ろも骨格の傾斜に合わせ、斜めにピンを打ってストッキングを固定。

9. 三ツ衿は根元を持ち上げるようにクロス留め。おくれ毛が出ないように。
10. ストッキングを固定した状態。おくれ毛が出ていないかしっかり確認。

STEP 3　地毛を内側にしまう

11. ゴールデンポイント付近につくったポニーテールのゴムをはずす。
12. 11でほどいた毛束を、すべてストッキングの内側にしまい込む。

13. 地毛をフラットに広げたら、ストッキングを閉じ、オニピンで留める。
14. ストッキングの口を伸ばし、内側の地毛とともにフラットにして固定。
15. ストッキングをすべて閉じたら、表面から全体をこすり、地毛をフラットに。
16. ストッキングをかぶせ終えた状態。できる限りフラットに仕上げる。

STEP 4 デザインしたフルウイッグを装着

⑰ ほぼデザインし終えたフルウイッグを、2人がかりで前からかぶせる。

⑱ 頭頂部付近をスモールピンで固定。毛流れが変わらないように注意。

⑲ 続いて耳後ろを18と同様に固定。生え際をおさえるようにピニング。

⑳ 三ツ衿付近も同様に施術。しっかり固定されるまで10〜15カ所ピニング。

フィッティング完了

今回のデザインは、ジオメトリックなカットラインが特徴的な、アシンメトリーのボブ。左右の部分的な長さや肌の見せ方を変えたほか、ヘアカラーをスリートーン展開させた、奥行きのある仕上がり。

STEP 5 デザインを仕上げる

㉑ テンションをかけないように、表面をストレートアイロンで施術。

㉒ バックの表面も21と同様に施術。全頭の質感を統一する。

㉓ 毛流れを整えたら、デザインの要所であるアウトラインの精度を上げる。

㉔ コームの歯を浅く入れて通し、毛流れを整える。カラーの見え方も調整。

FINISH

シルエットがコンパクトなデザインだと、地毛の厚みでトップに不要な高さが出てしまいやすい。しかしP120-121のように地毛を処理しておけば、モデルの骨格にヘアのシルエットをしっかりとフィットさせられる。

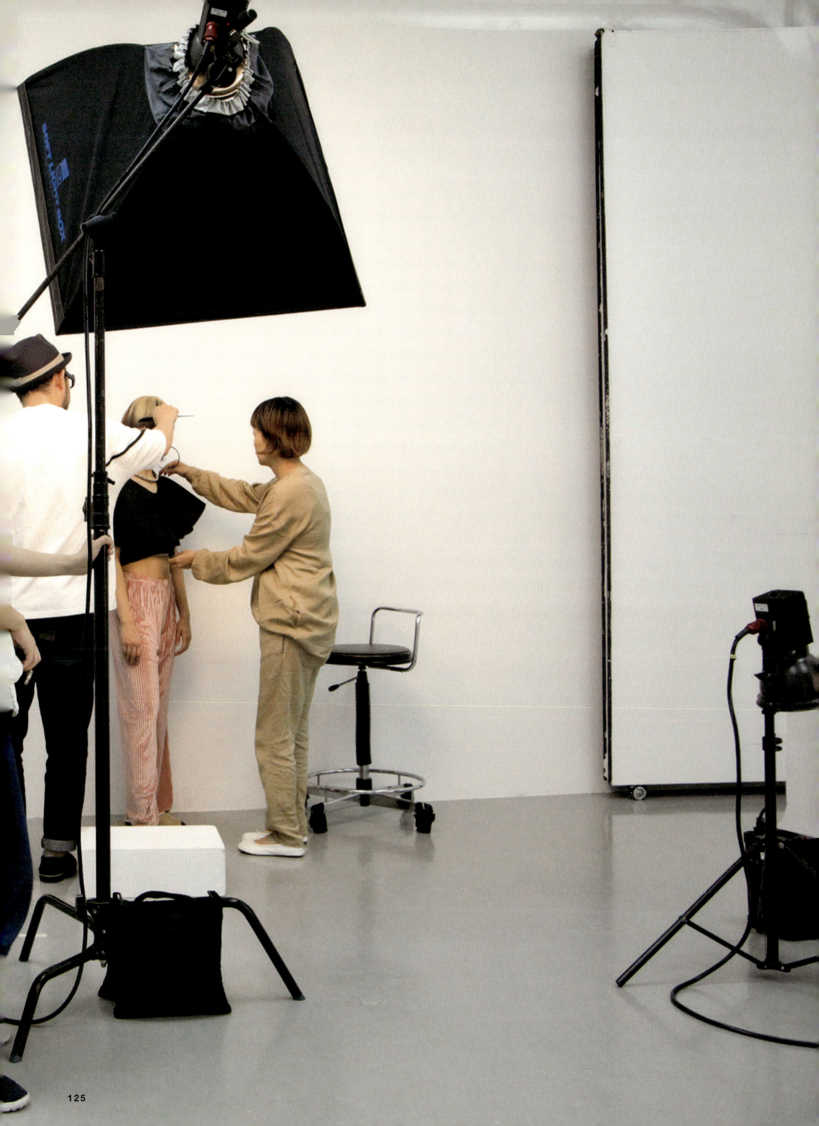

イメージの「ソース」を掘り下げる

クリエイションの質を高めるには、ヘアデザインにまつわるテクニックのほか、
さまざまな「知識」が必要です。ヘアやメイクはもとより、ファッション、音楽などの
各種カルチャーに通じてこそ、表現の幅が広がり、
個性を支える「センス」を手に入れることができるのです。

過去のトレンドを知る

どんなに精度の高いヘアデザインをつくることができても、それだけだと「表現の幅」はなかなか広がらない。ヘアデザインのディテールを際立たせ、より魅力的に見せるために求められるのが、女性像の構築やビジュアルとしての訴求力だ。また、そうした要素の質を高めていく上で有効なのが「過去」を知ること。ファッションなどの各種カルチャーと、その流れをベースにしたヘアメイクの流行を知り、デザインに生かしていけば、表現の幅を広げることができる。

ここからは、ヘアメイクのアプローチで参考、またはモチーフとなる、ヘアデザインやメイクアップなどの過去のトレンドについて、時代・年代ごとに分けて言及。その変遷を知り、身につけておくことが、クリエイションの現場で自身のデザイン力を最大限に発揮させてくれる。

TREND ARCHIVE
1950年代のヘア&メイク

1950年代は映画女優が憧れの対象となった時代。女優自身や劇中の役名がヘアスタイルの名前にもなった。
太い眉、強めのアイラインなどが特徴で、ヘアデザインを含む全体像は、清楚でお嬢さまっぽいイメージ。
また1950年代後半になると、ロカビリーブームやフェミニンな女性像も注目され、
ポニーテール、巻き髪やページボーイ系のスタイルも人気に。

1956年の米映画「The Swan/白鳥」公開当時のグレース・ケリー。気品に満ちたクールビューティで絶大な人気と評価を得る。女優として人気絶頂期に引退、モナコ公妃となった。エルメスの「ケリーバッグ」の由来としても知られる。

1954年公開の米映画「Sabrina／麗しのサブリナ」のオードリー・ヘプバーン。「ヘプバーン・カット」のカールっぽいショートバングは、ロカビリー系ヘアスタイルのひな形になったという考察もある。

1958年公開の米英合作映画「Bonjour Tristesse／悲しみよこんにちは」のジーン・セバーグ。役名からつけられたショートヘア「セシルカット」は世界的に流行。

TREND ARCHIVE

1960年代のヘア&メイク

元気でポップなカルチャーが隆盛。また「アポロ計画」の影響で、スペーシー、近未来的なファッションなども注目された。
メイクアップは強めのアイラインやつけまつ毛で目もとを強調するスタイルが流行。
ヘアスタイルはヴィダル・サスーンの登場で、ミニマムなカットスタイルが脚光を浴びる。
その一方、ボリュームのある女性らしいデザインも人気を集めるなど、トレンドの多様化がはじまる。

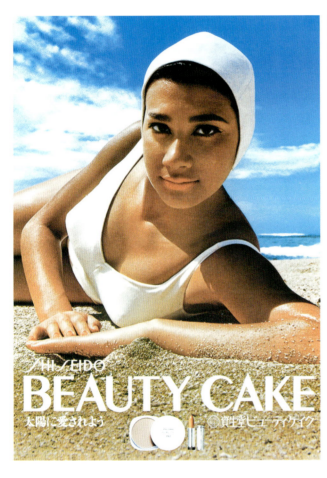

資生堂『BEAUTY CAKE』の広告ビジュアル(1966年)。当時、日本人ハーフモデルとして注目された、前田美波里の「日に焼けた、元気なイメージ」が新鮮かつ衝撃的だった。

1960年代のスウィンギング・ロンドンを代表するアイコン、ツイッギー。ダブルアイラインやつけまつ毛による、バービー人形のようなキュート感、ポップ感が特徴的。コンパクトなヘアも注目される。

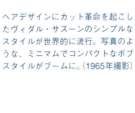

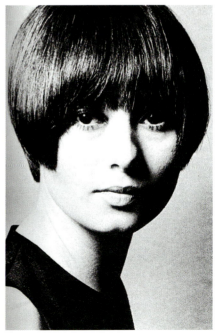

ヘアデザインにカット革命を起こしたヴィダル・サスーンのシンプルなスタイルが世界的に流行。写真のような、ミニマムでコンパクトなボブスタイルがブームに。(1965年撮影)

フランスの映画女優で、絶大な人気を誇ったブリジット・バルドーのヘアスタイルも注目される。ミニマムなカットスタイルの一方、トップを「盛った」フェミニンなデザインも支持を集め、トレンドが混沌とし始める。

TREND ARCHIVE
1970年代のヘア&メイク

1973年にはじまったオイルショックの影響で、世界的に景気が減退。各地で若年世代が形成する
カウンターカルチャーが台頭した。退廃ムードの高まりとともに、メイクにおいては眉が細くなっていく。
ヘアは音楽などのカルチャーと結びつき、さまざまなデザインが登場。
またオリエンタルなイメージが注目されたほか、'70年代後半からはサイケデリックなヘアやメイクも人気を集めるように。

資生堂『シフォネット』の広告(1973年)。このポスターでモデルを務めた山口小夜子は'70年代後半にパリコレデビュー。オリエンタルなイメージが欧米でも注目されるように。

1960年代に勃興したヒッピーブームが'70年代も継続。ベトナム戦争を背景に、「武器より花を」をスローガンとした「フラワーチルドレン」が有名。写真は1967年撮影。

1970年代におけるポップカルチャーの象徴といわれる映画女優、モデルのファラ・フォーセット。ハイレイヤーの「サーファースタイル」「ウルフレイヤー」がブームになる。(1975年撮影)

ニューヨークやロンドンを中心に、社会への反発を露骨に表した「パンクロック」が音楽シーンを席巻。SEX PISTOLSなどのファッションやヘアスタイルが注目された。(1976年撮影)

TREND ARCHIVE
1980年代のヘア&メイク

1980年代は多様なカルチャーが開花。派手なポップスターが人気を博し、日本ではアイドルブームやヘアカラーブームが発生。
またポップカルチャーの成熟に加え、女性の社会進出が顕著になり、マスキュリンな強い女性像が台頭。
メイクは太い眉、赤やくすんだピンク、ローズ系のリップなどで強さを主張。
ヘアはテクノカット、聖子ちゃんカット、ソバージュなどさまざまなデザインが流行した。

資生堂の企業文化誌『花椿』（1980年10月号）の表紙。太眉、赤系リップ、ビッグショルダーのコートなどが印象的。

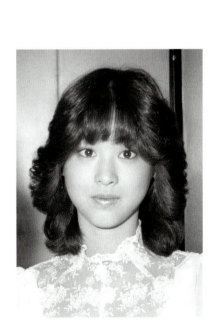

日本ではアイドルがファッションアイコンに。ヘアスタイルは、顔まわりに段をつけた「聖子ちゃんカット」が大流行した。（1981年撮影）

資生堂『インテグレート ライブリップ』の広告（1988年）。太眉、赤リップ、ウエーブヘアなど、1980年代のトレンドが詰まったビジュアル。

段を入れたヘアスタイルが進化。強い女性を象徴する、アップバングの「トサカ」も流行。写真は女優の浅野ゆう子。（1988年撮影）

1980年代初頭から爆発的に売れ、クイーンオブポップと呼ばれたマドンナ。赤いリップ、カジュアルな全体像が特徴的。（1985年撮影）

資生堂キャンペーンソング会見（1982年）の忌野清志郎と坂本龍一。テクノカットや、ハイポイントなサイケデリック風メイクも当時を代表するトレンド。

TREND ARCHIVE
1990年代のヘア＆メイク

スーパーモデルブームやミニマリズム、グランジの流行などが、1990年代の世界的なトピックとされる。
日本ではバブル景気の名残で「ワンレン・ボディコン」が継続していたが、景気の悪化とともに沈静化。
'90年代中盤からは「アムラー」や「コギャル」が台頭。また薄バング＆シャギーやドライタッチのハードパーマ、
ロックテイストのウルフレイヤーなど、トレンドの細分化が進んだ。

1990年代に絶大な人気を誇った安室奈美恵。そのフォロワーとして、茶髪、日焼け肌、細眉で目もとを明るくしたアイメイク、ブラウン系リップ、ロングブーツ、ミニスカートなどを特徴とする「アムラー」が登場。これにはスーパーモデルのヘア＆メイクアップが影響している、という見方もある。（1997年撮影）

スーパーモデルブームをけん引し、世界的な成功をおさめたリンダ・エヴァンジェリスタ。（1993年撮影）

アレクサンダー・マックイーンなど、数多のハイブランドから寵愛されたケイト・モス。（1999年撮影）

TREND ARCHIVE 1990s

1980年代後半の「トサカ」が落ち着き、'90年代前半には薄バングやフェイスラインのシャギーも流行。またこの頃から「質感」表現が重視され、多彩なカット技法が登場。写真は工藤静香。（1993年撮影）

TREND ARCHIVE
2000年代のヘア&メイク

2000年代はトレンドの細分化がより一層進み、幅広い価値観が容認された。
インターネットの一般化や、'00年代末期に普及し始めたスマートフォンが、海外からの情報入手を容易にし、
流行も目まぐるしく変化。一般的には1990年代から続くギャル文化が独自に発展したほか、
モテ髪、巻き髪やコンサバな女性像も定着。またパール系のアイシャドーや、「落ちにくい」高機能化粧品が流行した。

2000年代のアイコンの1人となったのが、シンガーソングライターの浜崎あゆみ。写真はデビューアルバムをリリースした1999年のもので、当時から「女子高生のカリスマ」と呼ばれ始めた。高明度のヘアカラーが印象的で、'00年以降、メイクアップは短いサイクルで変化。眉はさほど太くならず、明るい目もとは継続。パール系も多用されたが、シーズンごとに目まぐるしく変化した。

ギャル系のカルチャーが独自に発展。1990年代のコギャルからガングロを経て、2000年代には「ヤマンバ」が登場。盛りヘアやエクステンションに加え、過激なメイクなど、あらゆる要素が極端に表現された。

著者がヘアを担当した、資生堂『TSUBAKI』の広告(2007年)。'00年代後半になると、一般向けとしては高価格帯のシャンプーが各社から発売され、「シャンプー戦争」と呼ばれた。アジア人の黒髪の美しさを表現するビジュアルが多く見られ、'00年代前半のハイトーンブームに対し、'00年代後半以降は、黒髪ブームへとシフトしていく。

TREND ARCHIVE
2010年代のヘア&メイク

SNSの普及、定着とともに、価値観の多様化がさらに加速。トレンドに流されないのがトレンド、という意識が高まり、「我が道を行く」人が増加。社会全体がダイバーシティを提唱し、他者を認める思考の1つとして、LGBTの認知なども急速に定着。ヘア&メイクの傾向は、個の特性を生かすエフォートレスな表現が隆盛。またノームコアといった表現も注目された。そのほか「湯上がりチーク」なども流行。

ドルチェ&ガッバーナのフレグランスの広告(2018年。著者がヘアを担当)。イタリアのシチリア島、パレルモのフラワーガーデンで撮影されたこのビジュアルは、エフォートレスなムードで自然体の女性像を表現している。

2010年代は、ジェンダーレス、草食男子といった形容がメディアを賑わせた。りゅうちぇるはその代表格。(2016年撮影)

右のでんぱ組.incは2011-2012AW MIKIOSAKABE、左は2012-2013AW MIKIOSAKABEの東京コレクション(いずれも著者がヘアメイクチーフを担当)。2010年代に入ると、サブカルチャーやジェンダーレスのテイストが、メインストリームのコレクションにも取り入れられるように。これらのコレクションはその先駆けとなった。

TREND ARCHIVE
OTHERS／中世〜近世のヘア＆メイク

ここまでは1950年代以降の変遷を追ってきたが、クリエイションで参考にできるのは、
近代のファッションやヘア＆メイクだけではない。おもにヨーロッパの中世〜近世における、貴婦人たちの肖像画や、
文化的な流れを切り取った写真なども、デザインのイメージや具体的なモチーフになる。
ロココ、バロック、アール・ヌーヴォー、アール・デコなど、芸術や文化の流れをおさえておくことも大切。

スペインの宮廷画家、ディエゴ・ベラスケスが描いたマリア・テレーサ王女。バロック期（16世紀末〜17世紀初頭）特有の華美なヘアデザインや、コルセットといった衣装のバランスもポイント。

フランス国王・ルイ15世の公妾、ポンパドール夫人の肖像（18世紀のロココ期）。現代の「ポンパドール」の発祥だが、「前にせり出す」デザインは、夫人が晩年に好んだもので、肖像画にはほとんど残っていない。

女性をコルセットから開放した、アール・デコ（1910〜1930年代）の雰囲気が漂うファッションと、「断髪」ヘアが印象的な写真。こうした「モダン」の実像を知ることも、クリエイションの参考になる。

TREND ARCHIVE　OTHERS

ロココ期（18世紀）を代表する、マリー・アントワネット（1755〜1793年）の肖像画。当時の貴族社会の貴婦人たちは、ヘアスタイルの高さやゴージャスさを盛んに競い合った。ヘアデザインとしては、フォルム設計の各種バランス感覚や、「盛る」テクニックが重要になる。

オリジナリティの発現法

自分らしいデザインとは、また自分にしかできない新しい表現とは……。
クリエイションに向き合うとき、この2つに関する自問自答が必ずあるはずです。
どうすれば自分らしさや新しさを表せるのか、
本章ではそれについて考えていきます。

CHAPTER

自分自身を理解する

作品撮影やサロンワークなど、あらゆるクリエイションで最終的に求められるのが、つくり手の「らしさ」です。
この「らしさ」を表現する上で大切なのが、自分自身がどんなつくり手なのかを知ること。
ここからは、その掘り下げ方について考えていきます。

オリジナリティという武器を手にするために

表現のすべてにおいて、クリエイションにはつくり手のクセが出る。そして、このクセを研ぎ澄ますことが「個性」を際立たせ、「オリジナリティ」として認識される。また「研ぎ澄ます」過程で大切なのが、自分を知ること。技術力やデザイン力を磨くことは大前提だが、「自分はどんな技術者なのか」を知ることも、「らしさ」を確立する上では重要な意味を持つ。成長の過程や根本的な興味、環境、好みにおける「人と違うこと」を客観視することも、オリジナリティの発現につながるのだ。

ここからは、著者の個性が育まれた過程や、今についてひも解いていく。そこに見え隠れする、オリジナリティを支える要素を感じてほしい。

オリジナリティを見出すために
STEP 1　原風景を知る

オリジナリティの育成に必要なことは何か？
表現を支える独自の感性を磨く術について、自身の経験をもとに、著者自身が語ります。

「ルーツ」を見つめ直す

オリジナリティが求められる時期、というものがあると思います。がむしゃらにがんばる時期、責任を与えられる時期、そして「あなたは何者か」と問われる時期、と。最初は何でも人真似です。それが少しずつキャリアを積んでいくと、徐々に「あなたらしい表現」が求められるようになる。そうしたニーズに応えていくために必要となるのが、自分自身が立ち返れる場所です。

オリジナリティとは、自分にしかないもののこと。そして「立ち返る場所」とは、自分だけが理解できる、いろいろな意味での「自分のルーツ」。どんなところで育ち、何に興味を持っていたか。またどんな思いで美容師になったのか。そういった自分だけの記憶や思いが「いつでも立ち返れる場所」をつくり、それがオリジナリティへとつながっていきます。「らしさ」を自覚するのは難しいかもしれません。また、意図してそれを表現に反映させるとなると、客観的に自分を見つめ直すことが必要です。自分には特徴がないと考えている人も多いと思います。僕自身もその1人でした。むしろ他人との共通点を見出し、安心することのほうが多かった気がします。でも、それでは個性を際立てられません。共通点だけでなく、周囲と違う部分を探してみることが、「あなたは何者か」への答えにつながるのだと思います。

僕の場合、新潟県の佐渡ヶ島で生まれ育ちました。日本海の深い青、白い波、山、岩、田んぼ、雪。こうしたグレイッシュなトーンの世界に、彩度の高い花が美しく際立つ風景が、僕の表現の根底にあります。また佐渡という土地は、歴史的に日本中から人が集まってきたところ。そのため全国から多様な文化が持ち込まれ、独自に進化した土地でもあります。たとえば島全体に能舞台が30以上もあり、文弥人形といった伝統的な人形芝居が身近な存在でした。

僕は、ともすると閉鎖的になりやすい離島で育まれた伝統的な文化、芸能に幼い頃からふれてきました。それが今の仕事に少なからず影響を与えています。自分には特徴などないと思い込んでいても、人には生まれ育った場所や環境があり、それに対してみんな異なる感情を抱いて成長します。クリエイションで生きる、自分にしかない感性の根本は、そうやって築かれるのだと思います。（計良）

「きっかけ」を振り返る

自分の育った場所の景色や環境は、その人の感性をつくる大きな要因になります。詳しく思い出せなくても、今、自分の育った環境を客観的に見て、そこからいろいろなことを感じ、吸収することもまた、自分の「らしさ」を理解したり伸ばしたりすることにつながります。その環境に身を置いていた時期と、今の自分とでは、ものを見る目が大きく変わっているはず。見飽きていたはずの景色を見つめ直してみれば、新たな発見があるかもしれません。僕にとって、佐渡の風景や文化は、自分自身のオリジナリティのベースをつくってくれました。そしてもう1つ、もっと身近な環境が、自分の進む方向を決定づけたのです。

僕の実家は農家です。そして、父は「佐渡おけさ」（佐渡を代表する民謡）を普及する会の会長も務めていました。だから自宅には太鼓や三味線が常にありましたし、父の歌声や静々と踊る姿が今でも目に焼きついています。幼い頃からそうした環境で育ったせいか、僕も自然と音楽に興味を持つようになり、高校時代には友人とバンドを組んで、僕はドラムを叩いていました。当時はバンドブームの全盛期。ふだんから自分の髪型には人一倍気を使い、毎日髪を逆立てて学校に通っていました。また絵を描くのが好きだったせいか、周囲から手先が器用だと認められていたため、ほかのバンドのメンバーからもヘアを頼まれるようになり、やってあげているうちに「これも楽しいな」と思えるようになったのです。

ひと足先に美容の道を選んだ姉、デザイナーを志した兄の存在も大きかった気がします。幼い頃から慣れ親しんだ伝統芸能、音楽、そして家族からの影響が、今の僕の土台をつくっています。そこに電車も映画館もデパートもない、田舎育ちのコンプレックスが重なって、島を出て東京の美容学校に進み、自分の可能性を試そうと考えるようになりました。そして東京に来てから今まで、試行錯誤の日々から得たすべての要素が今の「僕らしさ」を形成しています。
きっかけは人それぞれです。1人の人としての原点、また何に楽しさを感じ、期待してこの道を選んだのかという美容師としての原点を振り返り、再確認していくこと。そうした思考も表現にオリジナリティをにじませてくれると思います。（計良）

オリジナリティを見出すために
STEP 2 今の自分を知る

ここからは、著者の「今」を支えているアイテム類を紹介。
どんなものがオリジナリティにつながっているのか、著者自身が解説します。

「仕事道具」に表れる思考

自分らしさを表現するにあたって、仕事道具はとても大切な存在です。そのセレクトには個人差が出ますし、使うものによってデザインのディテールが微妙に変化します。ここで紹介するのは、僕がふだんの仕事で使っている、ヘアに関する道具の一部。コレクションのバックステージや撮影など、出先での仕事には、ヘア関係だけで最低限このくらいのアイテムを持ち込んでいます。

僕は約7年間のサロンワークを経て、以降20年ほどはヘアメイクとして活動しています。今、日常的につくっているのはセットやアップのデザインが多いので、使う道具はハサミよりもブラシやアイロン類が多くなっています。たとえばアイロンだけで12種類ありますが、僕としては、いつどんなオーダーがきても対応できるようにしておきたいため、これだけ増えてしまいました。「できない」とは絶対にいいたくないですし、撮影現場で予定と違うアイデアがぱっと思いついても、それを具体化できるようにしておきたい。どんな仕事でも自分らしさが表現できるよう、目指すデザインを叶える最適な道具を常に準備しています。（計良）

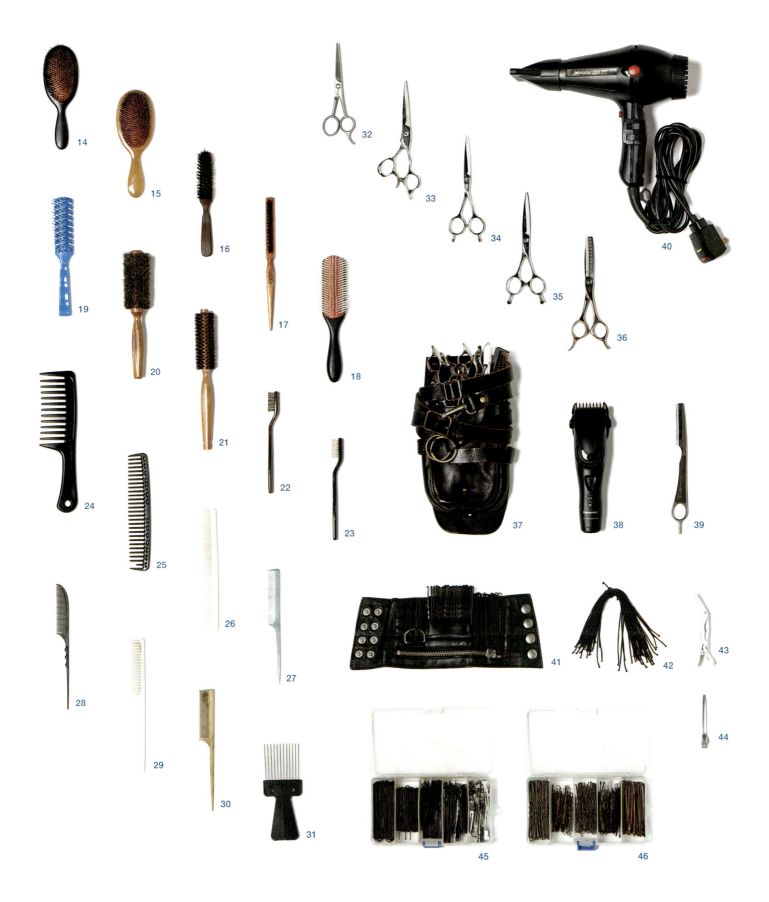

1-7. マーセルアイロン（ニューヨークで購入。手動でウエーブに強弱をつけるタイプ。手の感覚を髪に伝えやすい。1=3/8インチ、2=1/2インチ、3=5/8インチ、4=3/4インチ、5=1インチ、6=1+1/4インチ、7=1+1/2インチ）／ 8. スリーバレルアイロン（3段のウエーブがつけられる）／ 9. ストレートアイロン／ 10. ワッフルアイロン（波状が細かめ）／ 11. ストレートアイロン（極小タイプ。前髪や産毛などに使用。黒人の髪の生え際に重宝）／ 12. ワッフルアイロン（波状が大きめ）／ 13. ウエストポーチ（通称腰巻き。各種アイテムを収納）／ 14. クッションブラシ（猪毛100％。白人などの軟毛用）／ 15. クッションブラシ（ナイロンミックス。アジア人などの硬毛用）／ 16. セットブラシ（面をとかすときに使用）／ 17. セットブラシ（細いタイプ。もみあげや衿足をすくい上げるときに使用）／ 18. デンマンブラシ／ 19. スケルトンブラシ／ 20. ロールブラシ／ 21. ロールブラシ（やや細いタイプ）／ 22-23. 歯ブラシ（動物の毛のもの。表面や産毛、細かい部分のなでつけに使用）／ 24-25. ジャンボコーム（25はやや目が細かいタイプ）／ 26. カットコーム（ロングタイプ）／ 27. アルミ製コーム（静電気が出にくい）／ 28-29. セットコーム（28は小さいタイプで、細かい部分に使用）／ 30. 柘植の櫛（和装系のヘアや面を整えるときに使用）／ 31. アフロコーム／ 32. ゴム切り用のハサミ（刃先の切れ味にこだわる）／ 33-35. カットシザーズ（33と34はブラントカット用。33は大胆に、34は繊細に切るときに使用。35は笹刃仕様のストロークカット用）／ 36. セニングシザーズ（削ぎ率は20％程度）／ 37. シザーケース（フラップつき）／ 38. バリカン／ 39. レザー／ 40. ドライヤー／ 41. リストバンド（各種のピンを留めておく。マルタン・マルジェラのレザーブレスを改造）／ 42. 黒ゴム（1.7mm幅。硬めのものを好んで使用）／ 43. ダッカール／ 44. クリップ（髪に跡がつかないフラットなもの）／ 45-46. ピン皿（45は黒、46はゴールドのピン各種を収納）／ すべて著者私物

「好み」を客観視してみる

次は僕の私物です。これらはすべて、ふだん使ったり身につけたりしているもの。全体的にモノトーンに偏っています。仕事柄、モデルの後ろに立ったときにヘアが見えにくくならないように、また撮影現場にいてもライティングの邪魔になりにくい服装を、と意識することはあります。ただ、これらのアイテムはすべて単純な好み。また、それをベースにした自身のキャラづけの結果です。

自分の嗜好は持っているものにも自然と表れます。もちろんそれがクリエイションとつながるかどうかは別問題。それでも、そこに「自分ならでは」な雰囲気を見出せることもあると思います。自分は何に興味があって、どんなものを身近に置きたいと思っているか、そうした「好み」を自覚しておくことも無駄にはなりません。

こうして自分の持ち物を改めて見てみると、僕の場合は「クリエイションにおけるオリジナリティ」と多少の共通点があるような気がします。皆さんも、ご自身の仕事道具や私物を、いちど俯瞰で見てみてはいかがでしょうか？ 自分の「らしさ」につながる、思いがけない発見があるかもしれません。(計良)

1-10 お気に入りの本(1.『GAS BOOK 30 YUNI YOSHIDA』吉田ユニ著｜GAS AS INTERFACE、2.『STREET MAGAZINE MAISON MARTIN MARGIELA SPECIAL VOLUMES 1 & 2』MAISON MARTIN MARGIELA、3.『西洋髪型図鑑』リチャード・コーソン著、藤田順子訳｜女性モード社／4. 著者自主制作の本。自ら撮影したオリジナル写真集、5.『MASA'S METHOD:HAIR & MAKE UP』マサ大竹著｜求龍堂、6.『ISSEI MIYAKE 三宅一生』TASCHEN、7.『HAIR』グイド・パラウ著｜Rizzoli、8.『花椿ト仲條―HANATSUBAKI and NAKAJO Hanatsubaki 1968-2008』仲條正義著｜ピエ・ブックス、9.『MAKEUP DESIGN』資生堂ビューティークリエーション研究所｜資生堂化粧品販売(非売品)、10.『The Art of Makeup』ケヴィン・オークイン著｜同朋舎出版)／11. 一眼レフカメラ(CANON EOS Kiss。4の写真集やP141-142の写真はこれで撮影)／12. BOSEのワイヤレスイヤホン／13. ドラムスティック(バンド時代の思い出)／14-16. 腕時計(14はMARC JACOBS、15はCABANE de ZUCCa、16はJean Paul GAULTIER。アナログ派)／17-20. バッグ(18はパスポートケース、19は著者の個展「May I Start? 計良宏文の越境するヘアメイク展とSOMARTAのコラボトート、20はハットケースにしているRIMOWAの鞄)／21-28. 服(トップスは白黒紺、パンツは黒のサルエルが多い)／29-30. 靴(やはりモノトーン)／31-33. 帽子(31はCA4LA、32はNEW ERA、33はスティーブン・ジョーンズ。帽子は30～40個所有。ほとんどが黒いハット)／34-36. 眼鏡(いずれも度なし。34と36はQBRICK、35はEFFECTOR。黒縁でゴツめのデザイン)／すべて著者私物

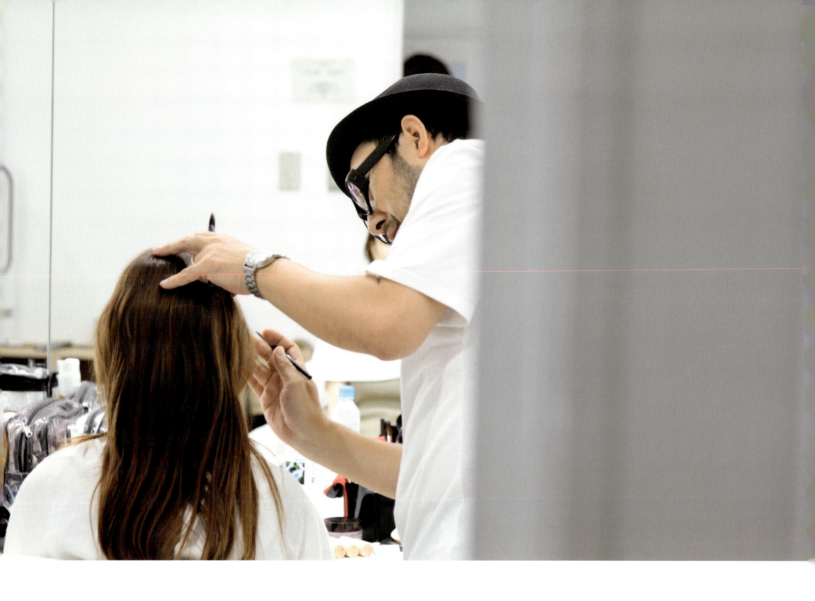

新しいデザインを探す

「らしさ」とともに、「クリエイション」に求められるものの1つが「新しさ」です。
ここからは、この新しさを取り入れる方法の1つとして、
普遍的な美しさを持つ「古典的な造形」を「組み合わせ、進化させる」テクニックを見ていきます。

新しさを見出すための考え方

作品を見る側は、未知との出会いを期待する。「オリジナリティ」とともに、クリエイションに求められるのが「新しさ」だ。この「新しさ」をデザインに落とし込む上で有効なのが、複数の古典的デザインの要所を切り取り、新たな組み合わせを探すこと。またそれに加え、デザインやテクニックのディテールを進化させることだ。そもそもヘアデザインは「古典的造形」のような、絶対的かつ普遍的な美を持つデザインを基点にバリエーションを広げてきた。そして、そこにはまだまだ可能性がある。ここからは、そうした「組み合わせ」の作例を紹介。大切なのは、基礎的なテクニックと、柔軟な発想の融合だ。

古典的造形の再構築

ここから解説していく3つの作例は、CHAPTER 2で掘り下げた
「古典的造形」の中から各2スタイルをピックアップし、
それぞれのデザインポイントを1つに集約させたスタイル。
まずは3つの作例の特性を感じてもらうため、あらゆる方向から見ていきます。

DESIGN SAMPLE 1

タイトでありつつ奥行きや高さを出したフォルムが特徴的。メリハリのあるシルエットと、硬軟織り交ぜた質感のバランスが一体感を高めている。

DESIGN SAMPLE 2

曲線的なシルエットと毛流れをまとめたデザイン。デザイン要素を絞り込みながら、その中で抑揚をつけているため、イメージに一貫性が出ている。

DESIGN SAMPLE 3

タイトなフロントと、ハイポイントで大きめフォルムのバックとのバランスが、奥行きや立体感を強調。顔まわりのディテールも効果的なアクセントに。

DESIGN SAMPLE 1

夜会巻き × ポンパドール

1つ目の作例は、夜会巻き（クチュール夜会）とポンパドールの組み合わせです。
2つの古典的スタイルそれぞれの象徴的なデザインパーツをピックアップし、
1つのヘアデザインにまとめていきます。

デザイン設計／「組み合わせ」のポイント

サイド～バックは夜会巻きの構成を抽出。内側の構造を簡素化し、毛流れを整えてつくった面を左右から合わせ、タイトで奥行きのあるフォルムに。一方フロント～トップにはポンパドールのシルエットを取り入れ、やわらかで前にせり出す立体的なフォルムに成形。シンプルながら、メリハリのあるフォルムに。

夜会巻き（クチュール夜会）

バックの「合わせ」を採用し、タイトで奥行きのあるフォルムに。

ポンパドール

フロントのボリューム感を取り入れ、かたちにコントラストを出す。

TECHNIQUE PROCESS

1. 全頭を32ミリのアイロンで平巻き後、バックに逆三角形のセクションをとり、指に巻いて根をつくる。

2. 左バックの生え際からパネルをとり、内側に逆毛を立ててつながりをつける。根元～中間中心に施術。

3. 2の表面をブラシでシェープし、毛先側をひねり上げて1の根でピニング。毛先は根の上でカール状にまとめる。

4. 右バックも2、3と同様に施術。合わせ目の毛流れを整えた後、右バックの毛先もカール状にして根の上に固定。

5. ここからはポンパドールのテクニック。まずはフロントの根元～中間に逆毛を立て、ボリュームを出す。

6. 5で逆毛を立てた毛束を集め、真上に持ち上げながら、表面にブラシを入れて毛流れを整える。

7. 6の毛束は左手で持っている部分をねじり、前方に押し出してふくらませる。さらに表面を細かく引き出して成形。

8. フロントのフォルムを調整後、毛先側をカール状にして4の上にピニング。フェイスラインの毛束も同様に。

DESIGN SAMPLE 2

シニヨン × フィンガーウエーブ

2つ目のデザインサンプルは、「シニヨン」と「フィンガーウエーブ」の組み合わせ。
「シニヨン」はシンプルなかたちにし、顔まわりの「フィンガーウエーブ」と組み合わせ、
クラシカルな全体像に仕上げていきます。

デザイン設計／「組み合わせ」のポイント

「シニヨン」はP58-59で解説した「パピヨン」に比べ、よりシンプルな構成でできるデザインを採用。「フィンガーウエーブ」はP70の古典的造形より毛流れにメリハリをつけ、大きなカーブを描かせる。ボトムには「シニヨン」、顔まわりには「フィンガーウエーブ」をそれぞれあしらい、スタイルに一体感を出していく。

シニヨン

シニヨンはよりシンプルな構成に。また小さめにして複数配置。

×

フィンガーウエーブ

シニヨンの丸みとのバランスを意識し、曲線にメリハリをつける。

TECHNIQUE PROCESS

①

サイドパートをとり、フェイスラインを25ミリのアイロンで仕込み。平行スライスで毛先までカールをつける。

②

フェイスラインを巻き終えた状態。カールの形状が崩れないよう、すべてクリップで仮留めしておく。

③

ライトサイドから施術。クリップをはずし、細かく逆毛を立ててつながりを出しながら、1カール目を成形。

④

3と同様に施術し、表面の毛流れをなめすように整え、2カール目を成形。曲線のピークをほお骨付近に決める。

⑤

逆サイドも3、4と同様。左サイドに合わせてカーブの高さを決め、毛束の裏にも細かく逆毛を立てながら施術。

⑥
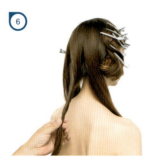
5の毛先をロール状にまとめたらバックに移行。3つのセクションに分け、まずはセンターをゆるめにツイスト。

⑦

6の毛束の表面を細かく崩した後、毛先からひねって丸めて「ツイストシニヨン」をつくり、ピンで固定。

⑧

バックの左右も6、7と同様に。フィンガーウエーブの毛先とバランスを見ながらツイストシニヨンをつくる。

DESIGN SAMPLE 3

編み込み × ロール

3つ目の作例は「編み込み」と「ロール」の進化・組み合わせ。
前者をデザインのディテールに、後者でフォルムやシルエットを組み立てる設計。
なお編み方は、「裏三つ編み」と「裏三つ編み込み」を採用します。

デザイン設計／「組み合わせ」のポイント

フロントからバックを頭の丸みに合わせて斜めにセクショニング。そこに「編み込み」を施して、顔まわりを華やかに仕上げる。もう1つのデザイン要素、「ロール」は大きめにつくり、フロント〜トップとバックに配置。フォルムとシルエットをつくりながら、タイトな編み込み部分とコントラストが出るように設計。

編み込み

編み込みはタイトにつくり、ヘアスタイルを飾るディテールに。

×

ロール

ロールは大きめに成形、配置して、ヘアスタイルのフォルムをつくる。

TECHNIQUE PROCESS

① フェイスラインのセンターを起点に、斜めスライスでブロッキング。バックは高めの位置で上下に分けておく。

② 顔まわりから裏三つ編み込み。頭の丸みに沿わせて耳後ろまで施術後、毛先側は続けて裏三つ編みに。

③ 斜めスライスで残したトップ〜フロントに逆毛を立てた後、セクション内の髪を左サイドになでつけて平留め。

④ 3を土台にし、大きく人参型に成形したすき毛を固定後、なでつけた部分を巻きつけ、大きなロールをつくる。

⑤ トップ〜フロントにロールをつくった後、4のすき毛をしっかり隠しながら、表面を崩してやわらかい質感を出す。

⑥ 2で編んだ左右の毛束をバックで交差させ、固定。左右のテールは指に巻いてフラットにし、ピンで留める。

⑦ バックのアンダーを左右に分け、大きめの円筒形に成形したすき毛を毛先から巻き込み、ロールをつくる。

⑧ トップのロールと接するように固定した後、表面から細かく毛束を引き出して崩す。逆サイドも7、8と同様に。

伝える仕事、伝わる仕事

本書の最後に、著者によるクリエイションの実際を公開。
テーマの設定、周到な準備を経て、目指す表現が完結するまでに、
それぞれの場面で何を考え、実行するべきか？
全20作品の1つひとつに込められた、作者のねらいを感じてください。

CHAPTER 6

作品制作から撮影まで
～クリエイションの流れ

まずは作品撮影というクリエイションにおける一連の流れを、本章掲載作品の撮影を例に解説。
目指す表現を成功させるためには、さまざまな想定に基づく事前の準備、
また撮影時の判断や、周囲のスタッフと同じ意識を持つ共感力が必要になります。

STEP 1 準備	STEP 2 準備	STEP 3 準備
テーマの検討 & 設定	表現の具体化 & 可視化	担当スタッフと内容を共有

MISSION
- 掲載誌の担当編集者と打ち合わせ
- テーマとするワードを決定
- イメージをデッサン

MISSION
- 本やwebで情報収集
- イメージをデッサン
- 少しずつ全体像を具体化
- モデルの準備
- アクセやウイッグの仕込み

MISSION
- 担当フォトグラファー、スタイリストと打ち合わせ
- テーマや方向性を確認、共有
- 見せ方などのアイデアを集約

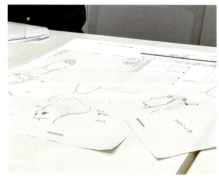

まずは撮影の目的やテーマの有無を確認。今回は著書（本書）収録作品ということで、「クリエイションを志す」読者に向け、担当編集者とテーマ設定から打ち合わせ。どんな意味合いのテーマがふさわしいかを話し合いながら、思いついたワードを出していき、そのイメージをデッサン。

テーマが定まってきたら、そのワードを整理しながら掘り下げる。本やwebで情報を集めるほか、自分が今気になっていることをチェック。またどんなモデルがふさわしいかを検討する。これらを同時に行ないつつ、イメージの可視化（デッサン）、ウイッグやつけ毛の仕込みなどを進める。

目指す作品が具体的になってきたら、写真の撮り方や衣装の方向性を、それぞれの担当スタッフと打ち合わせ。テーマの詳細や自分のイメージを伝達・共有し、客観的な意見を聞きつつ着地点を探す。なお意見を聞くことは大切だが、流され過ぎると作品のメッセージ性が弱まるので注意。

STEP 4 撮影当日	STEP 5 撮影当日	STEP 6 撮影後
デザインと女性像の最終決定 & 仕込み	デザインの微調整 & 見せ方の決定	写真セレクト

STEP 4 — MISSION

- 衣装の決定
- デッサンしながら具体化
- デザインの構成方法を判断（地毛、ウイッグ、つけ毛の使用など）

STEP 5 — MISSION

- ライティングや背景の決定
- ヘアやメイクの見え方を調整
- 画角、アングル、表情、ポージングなどを撮影しながら調整

STEP 6 — MISSION

- ヘアの各種バランス、表情、ポージング、アングル、衣装などと、ヘアの見え方が最も美しい1点をチョイス

ヘアメイクを施す前に、まずはテーマとモデルを最終確認。さらに見え方やイメージを考慮し、衣装とそのコーディネイトを検討・決定。その上でヘアやメイクのアプローチ、設計を確定させる。また（複数点撮る場合）撮影の点数や順番、時間などのプランを立て、各担当スタッフと共有。

ヘアメイクを仕込んだら、フォトグラファーと背景やライティングについて確認・相談。テーマの具体化に何が最適か、自分の意見を伝えながら決定していく。さらにヘアの見せ場や希望のアングル、画角などを伝えつつ、見え方をチェックしながらヘア、メイク、衣装のディテールを調整。

まずは自分がいいと感じた写真を複数表示して見比べ、各テーマの表現としてふさわしいカットを選定。また今回のように複数点撮影・掲載する場合は、各カットのモデルの向きやポージングなどのバランスも確認。掲載順や左右ページの組み合わせなどをふまえ、最終的な1点に絞り込む。

設定したテーマを深め、解釈を広げる

クリエイションのスタートであり、最も重要な段階ともいえるのが「テーマの設定」。
ほとんどの場合、テーマとして設定されるワードは1つですが、そのことばが意味する内容は多岐にわたります。
ブレずに一貫した表現を実現するには、テーマが持つ可能性や振り幅を理解し、自分が表現したい方向性を定めることが大切。
このページでは、そうしたテーマの派生と内容を絞り込む流れを解説。
本章で実践する「1テーマで4つのクリエイション」につなげます。

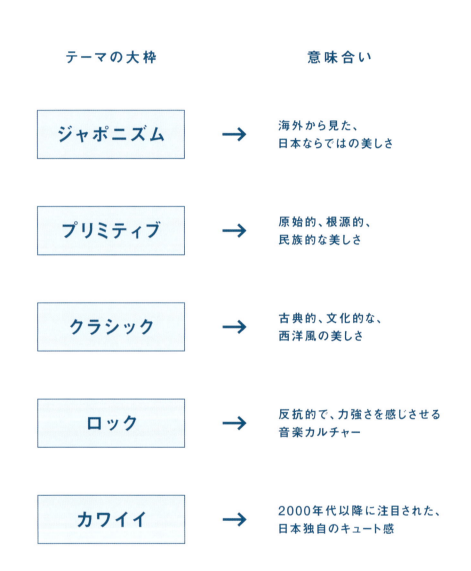

テーマの答えは1つではない

今回、クリエイションのテーマに掲げられたのは、上の5つ。難解なものはなく、すべて一般的によく見聞きするワードであり、それぞれに思い描けるイメージがあるはずだ。ただ、その「落としどころ」は1つではない。「ジャポニズム」を例にすると、髷、着物、刀、茶道、華道など、連想できるモチーフはたくさんある。従って、目指す方向性を絞り込まないと、表現に一貫性がなくなってしまう。このように、テーマの先に思い描ける要素の振り幅が広いほど、クリエイションのアプローチは多岐にわたるということを理解しておこう。
上の5つは、今回実践するクリエイションの「大枠」となるテーマワードと、著者の解釈。まずはそれぞれの大枠を説明し、右ページではそのワードを細分化して掘り下げる。表現をより先鋭化させ、質を高めていくには、このように組み合わせるサブワードによってテーマを解剖しつつ、作品に投影する意味合いを絞り込んでいくことが重要になる。

テーマとバリエーション

次に説明するのは、「大枠」のテーマとして設定された、
5つのワードそれぞれに対して著者が解釈・連想した内容。
ここで言及する内容が、1つひとつのクリエイションに一貫性を持たせ、
ヘアデザイン、メイク、衣装、写真表現全般に影響。つまり作品1点1点の直接的なテーマとなる。

ジャポニズム

- **侘寂（わびさび）**
  要素を削ぎ落とした中に映る、一瞬の美しさ。ミニマリズムの極致といえる表現。

- **サムライ**
  侍、剣士のたたずまい。近世日本の武士文化。髪型においては「髷」が象徴的。

- **幽玄**
  水墨画のような、気品や奥深さを感じさせる風情。風に揺らめいているような雰囲気。

- **オリエンタル**
  東洋的な、という形容詞。西洋から見た、日本を含む東洋的な文化、雰囲気全般。

プリミティブ

- **ヘルシー**
  人の根源的な美しさ。装飾的なものを廃して浮かび上がる、人間らしい健康的な美。

- **エジプシャン**
  文明が栄えた古代エジプト。壁画の女性やクレオパトラの原始的かつ装飾的な美しさ。

- **アフリカン**
  人間の発祥地ともいわれるアフリカ。大自然を感じさせる、民族・部族的な表現。

- **エスニック**
  西アジアや東ヨーロッパのイメージ。手作業の雰囲気や、乾燥している風景の空気感。

クラシック

- **ブルジョワジー**
  中世ヨーロッパにおける貴族階級の女性。肖像画で目にする貴婦人のイメージ。

- **アール・デコ**
  アール・ヌーヴォーに続く芸術運動の流れ。ミニマムなヘアと退廃的なムードが特徴。

- **ゴシック**
  退廃的でホラーな雰囲気。ミステリアスで、古い洋館がマッチするような全体像。

- **レトロ**
  懐古主義。懐かしさにキュート感やポップ感を加えた、ノスタルジックな世界観。

ロック

- **パンク**
  露骨な反社会性と、シンプルながら、攻撃的でメッセージ性の強い詞や音楽性。

- **ロカビリー**
  1950年代のアメリカが発祥。ダンスパーティ的な楽しさ、明るさを好む若者文化。

- **モッズ**
  1960年代のイギリスで流行。細身のスーツなど、スタイリッシュさが特徴。

- **グラム**
  退廃的で派手な雰囲気。サイケデリックな空気を感じさせる、グラマラスなロック。

カワイイ

- **ポップ**
  軽妙でおしゃれ、または大衆的という意味合い。元気で弾けた明るさがある。

- **メルヘン**
  おとぎの国のような世界観が特徴。妖精のようなキャラクター感や非現実的な様子。

- **サブカルチャー**
  メインのカルチャーと相反する概念。今回はフィギュアのような2.5次元を志向。

- **シュールレアリズム**
  超現実主義。現実と非現実の境界があいまいで、現実に空想が紛れ込んだような雰囲気。

THEME 1
Japonism

ここからは、前ページまでで解説した「テーマ」に基づき制作、撮影された「作品」を掲載。
大枠として設けられたテーマの中で、
4つに細分化した個別テーマをもとに表現した作品群を紹介していきます。
まずは「Japonism」の4作品から。

DESIGN 1

JAPONISM
×
WABISABI

JAPONISM
×
SAMURAI

DESIGN 2

DESIGN 3

JAPONISM
×
YUUGEN

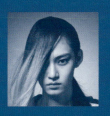

JAPONISM
×
ORIENTAL

DESIGN 4

JAPONISM
×
WABISABI

JAPONISM
×
SAMURAI

JAPONISM × YUUGEN

JAPONISM
×
ORIENTAL

"Japonism"の解釈と落とし込み

ここでは「Japonism」をテーマに、
4つの個別テーマでつくり分けた作品のデザイン的、イメージ的なポイントを解説。
作者のねらいがどう表現されたのか、その詳細をピックアップします。

DESIGN 1
ジャポニズム × 侘寂（わびさび）

要素を削ぎ落とした中に映る、一瞬の美しさ。
ミニマリズムの極致といえる表現

POINT 1
デザイン的な要素を「削ぎ落とした」表現に見せるため、強めに陰影をつけ、スポット的な光で撮影。背景は黒にし、見せる範囲を絞っている。

POINT 2
有機的な曲線を意識した前髪のカットラインをデザイン的な見せ場に設定。この前髪のみを見せるようにし、シンプル＆ミニマムな表現を志向。

POINT 3
日本文化を想起させる金箔を顔まわりにあしらうことで、削ぎ落としたミニマムな表現の中に、最小限の要素で華やかさを添えている。

DESIGN 2
ジャポニズム × サムライ

侍、剣士のたたずまい。近世日本の武士文化。
髪型においては「髷」が象徴的

POINT 1
トップのポニーテールでつくった「ちょんまげ」がデザインポイント。毛先の長短を生かし、フロントに方向づけて遊びにしている。

POINT 2
生え際に裏三つ編み込みをあしらい、毛先をもみあげから垂らしてデザインのアクセントに。少し野性的で、ワイルドな表情を引き出す。

POINT 3
メイクはシンプルに構成しつつ、眉を強めにデザイン。やや太めに、眉頭から眉山に向かって上昇線を描くようにして強さを出す。

DESIGN 3
ジャポニズム × 幽玄

水墨画のような、気品や奥深さを感じさせる風情。
風に揺らめいているような雰囲気

POINT 1
アイメイクはハケを使ってカスレ感を出し、危うさや静けさを演出している。墨絵のような静寂な空気と、その中に強さを感じさせる表現。

POINT 2
ヘアは根元が黒、毛先側がブロンドのグラデーションカラーに。そこに風を入れて揺らめかせ、はかなさや危うさを出している。

POINT 3
肩の前におろした髪には動きをつけず、フロントの髪との対比で静かさや深さを表現。また少年のような純粋なイメージをねらっている。

DESIGN 4
ジャポニズム × オリエンタル

東洋的な、という形容詞。西洋から見た、
日本を含む東洋的な文化、雰囲気全般

POINT 1
日本髪ベースのデザイン。フォルムのエッジを崩したほか、トップにはノットをあしらい、和をテーマにしながらキッチュ感をプラス。

POINT 2
ターバン代わりに組紐の帯締めを使用。フェイスラインにあしらうことで、日本髪のフォルムを強調しつつ、面白みを加えている。

POINT 3
日本髪の存在感や色数の多い衣装をふまえ、メイクは「引き算」。モデルのそばかすを生かし、リップは血色をおさえ、色みを引いた仕上がりに。

THEME 2
Primitive

「Primitive」の意味は、原始的な、太古の、素朴な、など。
また、そうした意味合いがベースとなり、
人間の根源的な部分や民族的な様子を表す場合にも用いられます。
幅広い解釈が可能な「Primitive」を、クリエイションに落とし込んだ4点です。

DESIGN 1

PRIMITIVE
×
HEALTHY

PRIMITIVE
×
EGYPTIAN

DESIGN 2

DESIGN 3

PRIMITIVE
×
AFRICAN

PRIMITIVE
×
ETHNIC

DESIGN 4

PRIMITIVE × HEALTHY

PRIMITIVE × EGYPTIAN

PRIMITIVE
×
ETHNIC

"Primitive"の解釈と落とし込み

幅広い表現に落とし込まれた「Primitive」。
こうした性質のワードは意味する内容の幅が広いため、表現がブレやすくなります。
そこをどう絞り込み、突き抜けた表現につなげるか。そのポイントを解説。

DESIGN 1
プリミティブ × ヘルシー

人の根源的な美しさ。装飾的なものを廃して浮かび上がる、人間らしい健康的な美

POINT 1
モデルの個性を生かし、できる限り「何もしない」表現。「つくり込み」とは真逆のアプローチで、素材が持つ根源的な美しさを追求。

POINT 2
「手を加えていない」ような雰囲気を大事にし、ヘアはジェル状のミストでセミウエットに。地毛のクセが生きるようにスタイリング。

POINT 3
アイシャドーは肌なじみの良い、赤やピンク系を使用。リップは地色を生かし、チークは血色感が出るもので、ナチュラルな全体像に仕上げている。

DESIGN 2
プリミティブ × エジプシャン

文明が栄えた古代エジプト。壁画の女性やクレオパトラの原始的かつ装飾的な美しさ

POINT 1
ヘアはボブに。ただし壁画の女性のイメージをなぞった切り下げスタイルではなく、ワッフルアイロンで広げ、毛量でシルエットを形成している。

POINT 2
装飾的なイメージは、ヘッドピースで表現。三つ編みでディテールをつくり、ゴールドのアクセサリーを合わせ、テーマ性を強調。

POINT 3
クレオパトラをモチーフに、強く長めのアイラインに。ただし青系や黒系で間をうめると「そのまま」になるので、ラインだけで構成。

DESIGN 3
プリミティブ × アフリカン

人間の発祥地ともいわれるアフリカ。
大自然を感じさせる、民族的・部族的な表現

POINT 1
首もとに垂らした毛束や前髪など、至るところに固く編んだ三つ編みや編み込みを配置。大胆なディテールを、コンパクトに配したデザイン。

POINT 2
顔のペイントは、アフリカの少数民族や部族の習慣を意識。またグラフィカルなアプローチで、赤土や乾いた風土、世界観を表現。

POINT 3
装飾的なファッションやヘアデザインに合わせ、髪飾りとして鳥の羽根などを使用。自然界を感じさせる小物で、トライバル感を強調している。

DESIGN 4
プリミティブ × エスニック

西アジアや東ヨーロッパのイメージ。
手作業の雰囲気や、乾燥している風景の空気感

POINT 1
ゆるくフィッシュボーンに編んだ毛束を大きくほぐし、崩しをプラス。このドライな質感で、手仕事の風合いや乾いた世界観を表現。

POINT 2
編んだ毛束以外はコンパクトに。センターにポイントをつくってシンメトリーに構成。素朴な風合いとヨーロッパのイメージをプラス。

POINT 3
メイクはチークや額に赤みを加え、ノマド風にデザイン。日に焼けたような雰囲気をつくり、東欧〜西アジアの乾いた気候風土を演出している。

THEME 3
Classic

古典的、というだけでなく、一流、典雅、高尚といった意味を持つ「Classic」。
ここでは欧州的で上品なイメージが強いテーマを細分化し、
全く異なるクリエイションを展開。
ヘア、メイク、衣装、写真の四位一体で織りなす「Classic」です。

DESIGN 1

CLASSIC
×
BOURGEOISIE

CLASSIC
×
ART DECO

DESIGN 2

DESIGN 3

CLASSIC
×
GOTHIC

CLASSIC
×
RETRO

DESIGN 4

CLASSIC × BOURGEOISIE

CLASSIC × ART DECO

CLASSIC
×
GOTHIC

"Classic"の解釈と落とし込み

大枠のテーマは同じながら、印象が全く異なる4つの「Classic」。
それぞれの表現で重要なのは、個別に設定したテーマへの理解。
過去の文化、トレンドを知り、「今」を加えていくアプローチです。

DESIGN 1
クラシック × ブルジョワジー

中世ヨーロッパにおける貴族階級の女性。
肖像画で目にする貴婦人のイメージ

POINT 1
ポンパドールベースに崩しを加え、バックは大きめの夜会巻きで構成。タイトなサイドでクール＆エレガンスに仕上げ、強さを強調。

POINT 2
ワッフルアイロンで質感のベースをつくり、パウダーをプラス。ドライに仕上げ、「シャンプーしない」中世特有の表情を盛り込んでいる。

POINT 3
メイクは赤を軸に展開。白人風のマットな肌に、強めのリップ、低めに入れたチーク、レッドブラウン系のアイシャドーでエレガントにデザイン。

DESIGN 2
クラシック × アール・デコ

アール・ヌーヴォーに続く芸術運動の流れ。
ミニマムなヘアと退廃的なムードが特徴

POINT 1
フィンガーウエーブを主体に、1920年代を意識。テクニックはクラシカルだが、ツヤとドライの質感表現などで、近未来的なイメージに。

POINT 2
幾何学的なディテールの衣装とヘアを、寄り気味に真正面から撮ることを選択。それをふまえ、ヘアをセンターパートにしてミニマムに。

POINT 3
アイメイクは眉を薄く、アイシャドーを強めに構成。特に目の下側が際立つようにデザインし、退廃的なムードを強調している。

DESIGN 3
クラシック × ゴシック

退廃的でホラーな雰囲気。ミステリアスで、
古い洋館がマッチするような全体像

POINT 1
ロール中心のデザイン構成で、クラシック感を強調。それを崩してバサバサな風合いを出し、退廃的かつホラーな雰囲気を引き出している。

POINT 2
顔まわりのは生え際は、ワッフルアイロンで細かい動きや質感を形成。ドライな毛束を顔にかかるようにおろし、ミステリアスな表情に。

POINT 3
アイメイクとリップは黒を基調にデザイン。目もとは奥行き（彫りを深くする）が出るようにシャドー感を際立たせ、神秘性を高めている。

DESIGN 4
クラシック × レトロ

懐古主義。懐かしさにキュート感や
ポップ感を加えた、ノスタルジックな世界観

POINT 1
デザイン要素のバランスは、1940～50年代を意識。ロールとシニヨンを組み合わせて、電髪など、昭和期の雰囲気を表現している。

POINT 2
ループシニヨンなど、現代風のテクニックを反映。またロールのエッジやツイスト部分に崩しを加え、今っぽい表情に仕上げている。

POINT 3
オレンジ系のアイシャドーとペールピンクのリップが軸。ノスタルジックな風合いを出しながら、全体を明るい印象に仕上げている。

THEME 4
Rock

いうまでもなく「Rock」とは音楽のいちジャンル。
また世相を色濃く反映しつつ「反抗」という精神性を共有し、
ファッションとも深く関係するカルチャーともいえます。
イメージの幅が広く、とらえ所が難しい、「Rock」に対する著者の回答です。

DESIGN 1　ROCK × PUNK

 ROCK × ROCKABILLY　DESIGN 2

DESIGN 3　ROCK × MOD'S

 ROCK × GLAM　DESIGN 4

ROCK × ROCKABILLY

ROCK × MOD'S

ROCK × GLAM

"Rock"の解釈と落とし込み

「○○ Rock」というジャンルが数多くあるように、「Rock」には非常に幅広い方向性が存在。
そのベクトルを絞り、全く異なるそれぞれの時代性や
カルチャー感を理解することが、作品の成否につながります。

DESIGN 1
ロック × パンク

露骨な反社会性と、シンプルながら、
攻撃的でメッセージ性の強い詞や音楽性

POINT 1
モチーフは1970年代の初期パンク。自分で切ったような、無造作なスパイキースタイル。「パンク＝弾ける」という解釈も反映している。

POINT 2
同じ1970年代に流行した「ウルフレイヤー」を取り入れ、ネープを極端に長く設定。高明度にしつつ根元を黒くし、「伸びた」ような雰囲気に。

POINT 3
目の上下を黒で縁どり、それをにじませ、少し汚したようなデザインのメイクを志向。パンクロック特有のラフさや攻撃性を込めている。

DESIGN 2
ロック × ロカビリー

1950年代のアメリカが発祥。ダンスパーティ的な
楽しさ、明るさを好む若者文化

POINT 1
女性的なデザイン要素のロールを、ロカビリーの象徴であり、男性的なスタイルのリーゼントにアレンジ。奥行きと凹凸感が特徴。

POINT 2
ロールのディテールに崩しを加えながら、全体をグロッシーな質感に仕上げている。キリッとした潔さに、キュート感を加えたデザイン構成。

POINT 3
メンズライクな全体感が生きるメイクを志向。アイブローはストレートタッチで、アウトラインを際立たせてすっきりとした印象にデザイン。

DESIGN 3
ロック × モッズ

1960年代のイギリスで流行。細身のスーツなど、
スタイリッシュさが特徴

POINT 1
モッズのイメージをしっかり出すため、アウトラインをすべて前上がりにコネクト。シンプルなフォルム＆シルエットをベースにしている。

POINT 2
王道的なシンプルフォルムを繊細なカラーリングで装飾。木目調を意識した、ブラウン〜オレンジ系の5色をグラデーション状に配色。

POINT 3
メイクの色使いはヘアカラーの配色を意識。目もとはブラウン系のアイシャドーで一体感を出しながら、ややボーイッシュな雰囲気をねらっている。

DESIGN 4
ロック × グラム

退廃的で派手な雰囲気。サイケデリックな
空気を感じさせる、グラマラスなロック

POINT 1
1960年代後半〜'70年代を意識。サイドから下は長さを残し、フロントは立ち上げ、ハイレイヤーのウルフっぽいバランスに構成。

POINT 2
顔まわりにシャギー感を加えて変化をプラス。また全体をセミウエットな質感にし、束感を出して派手さやにぎやかな雰囲気を強調。

POINT 3
ピンクやローズ系など派手な色使いがポイント。こめかみ〜ほお骨の骨格を強調する、幅広いハイポイントのチークで退廃的なグラム感を演出。

THEME 5
Kawaii

最後のテーマは「Kawaii」。
いわゆる「キュート」や「ガーリー」とは少しニュアンスの違う、
現代の日本的な「Kawaii」を前面に打ち出したクリエイションを実践。
時代とともに大きく変わる、「カワイイ」という形容詞を進化させた表現です。

DESIGN 1

KAWAII
×
POP

KAWAII
×
MARCHEN

DESIGN 2

DESIGN 3

KAWAII
×
SUBCULTURE

KAWAII
×
SURREALISM

DESIGN 4

KAWAII × POP

KAWAII × SUBCULTURE

KAWAII × SURREALISM

"Kawaii"の解釈と落とし込み

ことばの意味合いは、時代とともに変質します。
少し毒を感じる様子、エキセントリックな表現なども、今は「カワイイ」と形容される時代。
そうした時代性を読む力が、この表現の一端を担っています。

DESIGN 1
カワイイ × ポップ

軽妙でおしゃれ、または大衆的という意味合い。
元気で弾けた明るさがある

POINT 1
色みでポップを表現。アニメやフィギュアを連想させる、ビビッドな色あいのカラーリングで、シンプルシルエットのボブをデザイン。

POINT 2
フォルムとディスコネクトした、幅広のショートバングもポイント。顔の見せ方を上下短く、左右に広くして、キュート感を強調。

POINT 3
存在感の強いヘアと衣装、またモデルのキリっとした顔立ちを生かし、ガーリー感をおさえたメイクに。ピンク系のチークを中心に、シンプルに構成。

DESIGN 2
カワイイ × メルヘン

おとぎの国のような世界観が特徴。
妖精のようなキャラクター感や非現実的な様子

POINT 1
鳥の巣や帽子をイメージした、大きめのだ円形シルエットがヘアデザインの軸。フォルムを左右に広げることで、幼い印象を強めている。

POINT 2
フォルムの質感はUピンを使ったわらじ編みで形成。ふわふわな質感でだ円形フォルムをつくり、非現実的でフェアリーな雰囲気に。

POINT 3
メイクはシンプルな色使いで構成。鼻筋をまたぐように薄いピンクのチークをのせ、恥じらいや高揚したような表情を引き出している。

DESIGN 3
カワイイ × サブカルチャー

メインのカルチャーと相反する概念。
今回はフィギュアのような2.5次元を志向

POINT 1
フィギュア人形がモチーフ。発泡スチロールで型を作成し、そこに髪をはりつけ、アニメや人形のような2.5次元感を出している。

POINT 2
ヘアのシルエットは幅広に設定し、キュート感を強調。髪色や毛先のディテール感も、アニメやフィギュアの雰囲気をねらっている。

POINT 3
ヘアのリボンは洋服の衿に合わせて色を決定。またメイクの基調色も、その黄色に合わせて選択し、非現実感や人間離れしたアンドロイド感を表現。

DESIGN 4
カワイイ × シュールレアリズム

超現実主義。現実と非現実の境界があいまいで、
現実に空想が紛れ込んだような雰囲気

POINT 1
リアリティのないヘアのボリューム感がポイント。地毛では成り立たない、肩幅くらいのビッグシルエットと複雑なディテールが要。

POINT 2
ロールを多用し、曲線的なディテールでキュート感を確保。そこにグロテスクさやつくり物の雰囲気を加え、スパイシー感をプラス。

POINT 3
チークとリップには印象の強いショッキングピンクを使用。リップはアウトラインをぼかし、唇からはみ出すようにして、非現実的な雰囲気に。

COSTUME CREDIT

CHAPTER 3

P87　キュート
ブラウス writtenafterwards

P87　フェミニン
ワンピース Enlee.

P96-97　バランス - コスチューム 1
トップス BELLE ／パンツ ADELLY

P98-99　バランス - コスチューム 2
パンツ BELLE ／ピアス CHAN LUU

P102-103　王道デザイン
ワンピース Enlee. ／ピアス CHAN LUU

P104-105　王道＋崩し
ボレロ SAPHIR EAST ／ワンピース Enlee. ／ピアス CHAN LUU

CHAPTER 4

P112　地毛 DESIGN SAMPLE 1 BOB × SET
ブラウス writtenafterwards

P113　地毛 DESIGN SAMPLE 2 LONG × UP
ブラウス BELLE

P123　フルウィッグ
トップス、アクセサリー すべて SAPHIR EAST

CHAPTER 6

P170　JAPONISM × WABISABI
ジャケット les mondes

P171　JAPONISM × SAMURAI
ブラウス、インナーに着たトップス ともに SAPHIR EAST

P172　JAPONISM × YUUGEN
すべて writtenafterwards

P173　JAPONISM × ORIENTAL
ワンピース THE Dallas

P176　PRIMITIVE × HEALTHY
ドレス SAPHIR EAST

P177　PRIMITIVE × EGYPTIAN
チョーカー flake／トップス YUIMA NAKAZATO

P178　PRIMITIVE × AFRICAN
アクセサリー すべてアフリカンスクエアー／キャミソール Enlee.

P179　PRIMITIVE × ETHNIC
イヤリング、ブレスレット、指輪、ファートップス すべてTHE Dallas／
中に着たカットソー JUN OKAMOTO

P182　CLASSIC × BOURGEOISIE
ケープ、ドレス ともにwrittenafterwards

P183　CLASSIC × ART DECO
トップス YUIMA NAKAZATO

P184　CLASSIC × GOTHIC
ブラウス ADELLY／中に着たブラウス Enlee.／イヤリング THE Dallas

P185　CLASSIC × RETRO
ワンピース ADELLY

P188　ROCK × PUNK
ジャケット ANREALAGE

P189　ROCK × ROCKABILLY
ライダース、中に着たドレス、バッグ、スカート すべてLIMI feu／
ピアス flake／チョーカー THE Dallas

P190　ROCK × MOD'S
ジャケット、シャツ ともにLIMI feu／チェックコート ADELLY

P191　ROCK × GLAM
ブラウス、ベスト、首に巻いたヒョウ柄レギンス、ベルト、イヤリング
すべてTHE Dallas

P194　KAWAII × POP
ドレス writtenafterwards

P195　KAWAII × MARCHEN
ケープ、ワンピース ともに writtenafterwards

P196　KAWAII × SUBCULTURE
ワンピース MIKIOSAKABE

P197　KAWAII × SURREALISM
ストライプコート、ショール ともにMIKIOSAKABE／
ケープ、中に着たニット ともにwrittenafterwards

COSTUME / BLAND LIST

ADELLY
tel.03-6228-6477

有限会社 アフリカンスクエアー
http://www.african-sq.co.jp

ANREALAGE
tel.03-6447-1400

BELLE
tel.03-6876-3015

CHAN LUU
tel.03-6455-4707

Enlee.
tel.03-6421-1490
Web : http://enlee.jp
Instagram : i_am_enlee

flake
tel.03-5833-0013

JUN OKAMOTO/JUN OKAMOTO DAIKANYAMA STORE
tel.03-6455-3466

les mondes
Web :https://www.les-mondes.com
Instagram:lesmondesjp
Twitter:les_mondes_jp

LIMI feu
tel.03-5463-1500

MIKIOSAKABE
tel.03-6279-2898

SAPHIR EAST
https://www.saphireast.jp

THE Dallas
https://www.instagram.com/the_dallas_lab
tel.03-5491-7331

writtenafterwards
http://www.writtenafterwards.com
tel.03-6262-9860

YUIMA NAKAZATO
http://www.yuimanakazato.com
tel.03-5453-0112

PHOTO CREDIT

CHAPTER 1

P12　VISUAL SAMPLE 1
© 女性モード社『HAIR MODE』2013年6月号
photo_Joichi Teshigahara　styling_Yūki Mayama［M0］

P14-15　VISUAL SAMPLE 2
© 女性モード社『HAIR MODE』2012年4月号
photo_Masaya Kudaka

CHAPTER 2

P40　ヘアデザインの構成要素①「線」～直線
© 女性モード社『HAIR MODE』2011年7月号
photo_Masaya Kudaka

P41　ヘアデザインの構成要素①「線」～曲線
© 女性モード社『HAIR MODE』2011年6月号
photo_Masaya Kudaka

P42-43　ヘアデザインの中の「直線」と「曲線」
©SHISEIDO 2012 資生堂ヘア＆メーキャップクリエーティブチーム
『構成する力』女性モード社
photo_Toru Koike［atelier buffo］

P46　ヘアデザインの構成要素②「かたち」～ DESIGN SAMPLE 1
© 女性モード社『HAIR MODE』2011年6月号
photo_Masaya Kudaka

P46　ヘアデザインの構成要素②「かたち」～ DESIGN SAMPLE 2
© 女性モード社『HAIR MODE』2011年9月号
photo_Masaya Kudaka

P47　ヘアデザインの構成要素②「かたち」～ DESIGN SAMPLE 3
© 女性モード社『HAIR MODE』2012年2月号
photo_Masaya Kudaka

P47　ヘアデザインの構成要素②「かたち」～ DESIGN SAMPLE 4
© 女性モード社『HAIR MODE』2012年1月号
photo_Masaya Kudaka

P53-55　ヘアデザインの構成要素④「素材」～三つ編み／四つ編み／
スパインブレード／ケーブルブレード／ドレッド／カラクサ／
ヘアボード１／ヘアボード２／ヘアシート
©SHISEIDO 2012 資生堂ヘア＆メーキャップクリエーティブチーム
『構成する力』女性モード社
photo_Toru Koike［atelier buffo］

CHAPTER 3

P84-85　前髪の設定とインナーラインの変化
©SHISEIDO 2012 資生堂ヘア＆メーキャップクリエーティブチーム
『構成する力』女性モード社
photo_Toru Koike［atelier buffo］

CHAPTER 4

P128　1950年代
グレース・ケリー © Everett Collection/amanaimages
オードリー・ヘプバーン ©Capital Pictures/amanaimages
ジーン・セバーグ © Everett Collection/amanaimages

P129　1960年代
ツイッギー ©Photoshot/amanaimages
ボブスタイル ©maryevans/amanaimages
ブリジッド・バルドー © Everett Collection/amanaimages

P130　1970年代
ヒッピー ©Alamy stock photo/amanaiamges
ファラ・フォーセット ©mptv/amanaimages
SEX PISTOLS ©The Bridgeman Art Library/amanaimages

P131　1980年代
松田聖子 © 共同通信社／アマナイメージズ
浅野ゆう子 © 共同通信社／アマナイメージズ
マドンナ ©Capital Pictures/amanaimages
忌野清志郎＆坂本龍一 © 共同通信社／アマナイメージズ

P132　1990年代
安室奈美恵 © 朝日新聞社／アマナイメージズ
リンダ・エヴァンジェリスタ © Alpha Press/amanaimages
ケイト・モス © Alpha Press/amanaimages
工藤静香 © 共同通信社／アマナイメージズ

P133　2000年代
浜崎あゆみ © 朝日新聞社／アマナイメージズ
ヤマンバ ©Alamy stock photo/amanaiamges

P134　2010年代
りゅうちぇる © 共同通信社／アマナイメージズ
MIKIOSAKABE（2011-12 AW）でんぱ組.inc／ディアステージ
MIKIOSAKABE（2012-13 AW）©INFAS パブリケーションズ「WWD JAPAN」

P135　OTHERS
バロック／マリア・テレーサ王女 ©agefotostock/amanaimages
ポンパドール夫人 ©Alamy stock photo/amanaiamges
ロココ／マリー・アントワネット ©Alamy stock photo/amanaiamges
アール・デコ ©Alamy stock photo/amanaiamges

出典

CHAPTER 1

P16-17　VISUAL SAMPLE 3
資生堂『TSUBAKI』広告

P18　VISUAL SAMPLE 4
SHISEIDO PROFESSIONAL『RENASCENT』広告

P20　VISUAL SAMPLE 5
「SHISEIDO PROFESSIONAL」ブランド広告

P32　SAMPLE 1
女性モード社『HAIR MODE』2009年4月号表紙

P34　SAMPLE 2
女性モード社『HAIR MODE』2009年5月号表紙

CHAPTER 4

P129　1960年代
資生堂『BEAUTY CAKE』広告　photo_Noriaki Yokosuka

P130　1970年代
資生堂『シフォネット』広告　photo_Noriaki Yokosuka

P131　1980年代
資生堂『花椿』1980年10月号表紙

P131　1980年代
資生堂『ライブリップの赤』広告　photo_Yasushi Handa

P133　2000年代
資生堂『TSUBAKI』広告

P134　2010年代
ドルチェ＆ガッバーナ フレグランス『Dolce』広告　photo_Victor Demarchelier

撮影協力

CHAPTER 2

P56-71　モデルウイッグ
レジーナ カットウイッグ「337S」
https://www.regina.co.jp

CHAPTER 4

P120-124　フルウイッグ
SABFA クリエイティブフルウイッグ
https://sabfa.shiseido.co.jp/sabfa-wig

おわりに

優秀だといわれる技術者は、基本的なテクニックや似合わせのスキルだけでなく、ファッションやデザイン、アートにまつわる歴史や情報など、幅広い知識を持っています。それがお客さまをはじめ、クリエイションを共有するすべての人との信頼感を深めるエッセンスとなり、また提案するデザインの裏づけにもなっていると思います。

今はテクニックだけが優れていれば、必ず一流になれる、という時代ではありません。もちろん技術における高い精度は大前提。そこに幅広い知識やデザイン的な引き出し、オリジナリティのある表現力などが求められます。本書では、ヘアデザインの基本から応用まで、クリエイションに関わるテクニックや知識、そして考え方などについて、さまざまな事例を通して紹介しました。1つの章を読むごとに、実際に手を動かしてみてください。この本の内容は、そうすることで皆さんに吸収されていくはずです。

クリエイションの答えは1つではありません。本書をベースに、読者の皆さん1人ひとりが考え、手を動かし、表現した結果もまた、答えです。僕の師である大竹政義のことばに「美しさは1つではない」というのがあります。人それぞれに美しさがあり、その表現には複数のアプローチがあります。また1人の人を、ヘアとメイクでいろいろな美しさに導くことができます。これがクリエイションの醍醐味です。

我々の最終的な目標は、世界中の人をもっともっと美しくしていくこと。そこに本書を少しでも役立ててもらえたらうれしいです。最後になりますが、本書の制作に関わり、協力いただいたスタッフの皆さまに、この場を借りて感謝の意を表します。本当に、ありがとうございました。

計良宏文

計良宏文／けら・ひろふみ
1971年生まれ。新潟県出身。資生堂美容技術専門学校卒業。1992年、資生堂に入社。資生堂ビューティークリエイションセンター所属。資生堂トップヘアメイクアップアーティストとして、多くの宣伝広告や雑誌のヘアメイクを手がけるほか、パリコレクションをはじめとしたファッションショーのヘアチーフを担当。2009年、JHA(Japan Hairdressing Awards)大賞部門グランプリ受賞。2019年、日本の公立美術館では初となる、ヘアメイクアップアーティストによる展覧会「May I Start? 計良宏文の越境するヘアメイク展」を、埼玉県立近代美術館にて開催。

STAFF

hair design & make-up_
計良宏文[SHISEIDO]

assistant_
中川まどか[SHISEIDO]
寺田祐子[SHISEIDO]
恩田 希[SHISEIDO]

photo(本書撮り下ろし分)_
山田早織[SHISEIDO]〈P3、144-147、210〉
勅使河原城一〈P7、169-198、202-205〉
久高将也〈P8、36、49、74、108、136、153-161、162-163、212、214-215〉
小島千穂[SHISEIDO]〈P50-51、56-71、80-81、120下〉
小池 徹[atelier buffo]〈P87、92-99、102-107、112-117、121-123〉
計良宏文[SHISEIDO]〈P141-142〉

styling_
色部聖平[Leinwand]

illustration_
いちりん薫

coordination_
岡崎良士[SHISEIDO]

art direction & design
TRANSMOGRAPH

KERAREATION

ケラリエイション

2019年11月25日　初版発行

定価　　本体6,000円＋税

著者　　計良宏文［SHISEIDO］

発行人　　寺口昇孝

発行所　　株式会社女性モード社

〒161-0033 東京都新宿区下落合3-15-27
tel.03-3953-0111　fax.03-3953-0118
〒541-0043 大阪府大阪市中央区高麗橋1-5-14-603
tel.06-6222-5129　fax.06-6222-5357

印刷・製本　　図書印刷株式会社

©SHISEIDO 2019
Published by JOSEI MODE SHA CO., LTD.
Printed in Japan
禁無断転載